Katharina Wezel

Offene Diktatformen im 3. und 4. Schuljahr

Rechtschreibung üben, Kompetenzen erwerben

Oldenbourg

Inhalt

Einleitung

Konzeption

„Rechtschreiben üben mit Spaß" ist die Grundidee des vorliegenden Kopiervorlagenbandes. Er umfasst zehn Kapitel, die jeweils unterschiedlichen Themenschwerpunkten und Rechtschreibfällen gewidmet sind. Interessante altersgemäße Texte, aus denen die Rechtschreibbesonderheiten herausgelöst und bewusst gemacht werden, bieten die Grundlage für vielfältige differenzierte Übungs- und Diktatformen. So werden die unterschiedlichen Leistungsniveaus der Schüler und die verschiedenen Lerntypen berücksichtigt (z. B. visuell: Dosendiktat, auditiv: Stoppdiktat, motorisch: Laufdiktat).

Das Diktat als Übungsform – Fehler als Chance

Das vorliegende Werk ist so konzipiert, dass die darin vorkommenden Diktate als eine von vielen möglichen Übungsformen genutzt werden können. Sie sollen der Förderung der Rechtschreibkompetenz der Schüler* dienen und sind durch die Anhäufung orthografischer Probleme nicht als Bewertungsinstrument für deren Rechtschreibleistung geeignet. Aus diesem Grund spielt in der Konzeption die Selbstkontrolle, das Nachschlagen im Wörterbuch und das selbstständige Verbessern von Fehlern eine große Rolle. Der Fehleranalysebogen (KV 1) soll in diesem Sinne der Lehrkraft helfen, die Fehlerschwerpunkte der Schüler besser zu erkennen und ihnen mit dem Verbesserungsplan (KV 2) geeignete Übungsformen anzubieten. Dazu wird für jeden Schüler ein Bogen angelegt und die Anzahl der jeweiligen Fehler pro Übungsdiktat festgehalten. So erhält man relativ einfach und schnell einen Überblick und kann mit dem Schüler gezielt üben. Beim Verbesserungsplan für die Schüler wurde auf konkrete Korrekturzeichen oder Symbole in der ersten Spalte verzichtet, um der Lehrerin die Möglichkeit zu bieten, eigene zu verwenden. Den Verbesserungsplan bekommt jeder Schüler einmal zum Einkleben oder Abheften, bzw. laminiert, denn er wird das ganze Schuljahr über gebraucht. Die bei der Korrektur verwendeten Zeichen können auf dem Verbesserungsplan eingetragen werden und verweisen so gleich auf die zur Fehlerart passende Übungsform.

*Aus Gründen der leichteren Lesbarkeit haben wir im weiteren Verlauf des Buches die weibliche oder männliche Form gewählt. Selbstverständlich sind immer Lehrerinnen und Lehrer, Schülerinnen und Schüler gemeint.

Einsatz der Kopiervorlagen

Im Einstiegskapitel finden sich Übungen zum Ab- und Aufschreiben, Markieren, Silbensprechen und Kontrollieren mit dem Wörterbuch sowie ein Trainingspass, den die Schüler am Ende jeder Übungseinheit zur Reflexion ihrer Lernerfahrungen ausfüllen können. Die folgenden Kapitel sind in sich aufbauend angelegt, aber in individueller Reihenfolge verwendbar. Jedem Kapitel ist eine Seite mit didaktisch-methodischen Vorbemerkungen, Differenzierungsmöglichkeiten und Ideen zu den folgenden Kopiervorlagen vorangestellt.

Auf die jeweilige Einstiegsseite mit einem Sachtext und Basisübungen folgen weitere Übungs- oder Spielvarianten, Zusatzaufgaben sowie ein abschließender Diktattext in jeweils zwei unterschiedlich langen/schweren Versionen. Die Länge der Diktate steigt progressiv an.

Arbeitstechniken Erklären und Schreiben

Ein großer Teil der Übungen verlangt von den Schülern die gedankliche Auseinandersetzung mit sprachlichen Besonderheiten, das Suchen nach Erklärungen und das Versprachlichen eigener Lösungsstrategien und Regeln. Im Gespräch mit dem Partner oder in der Gruppe wird eine zunehmend rechtschreibbewusste Haltung aufgebaut und Regelwissen gesichert. Ebenso wichtig für die Behaltensleistung ist das wiederholte Schreiben der Wörter.

Gerade bei Spielen oder Wörterrätseln lassen sich hierfür kleine praktische Whiteboards (DIN A4) verwenden. Die Schüler können ein gesuchtes Wort mit dem Marker sehr schnell aufschreiben und zur Kontrolle hochhalten. Das Abwischen geht problemlos und schon kann ein neues Wort geschrieben werden. Leider sind diese Tafeln, die in Frankreich jedes Schulkind besitzt, in Deutschland nicht leicht zu finden. Alternativ kann man etwas festere Tonpapierbögen mit selbstklebender Whiteboardfolie bekleben.

Weitere Übungsformen und Ideen

Knickdiktat (visuell)

Ein Schreibblatt wird längs zur Hälfte geknickt. Auf die linke Seite wird der Diktattext in Sinnschritten geschrieben. Der Schüler liest Zeile für Zeile, knickt das Blatt nach hinten um und schreibt den Abschnitt auf. Bevor der nächste Abschnitt geschrieben wird, muss der vorhergehende mit der Vorlage verglichen und kontrolliert werden.

Fragediktat (kommunikativ)
Ein rechtschreibsicherer Partner diktiert. Das schreibende Kind darf bei Unsicherheit nachfragen. Im Idealfall wird dann nicht die richtige Schreibweise genannt, sondern Hinweise auf Regeln oder Strategien gegeben. Diese Übungsform eignet sich besonders gut für jahrgangsübergreifendes Arbeiten.

Gummibärchendiktat (kulinarisch)
Die Lernwörter der Woche lassen sich auch einmal als Gummibärchendiktat üben. Dabei werden kurze Sätze auf gummibärchenförmige verschiedenfarbige Papiere geschrieben. Wie beim Dosendiktat wird der Satz gelesen, die Vorlage umgedreht und aufgeschrieben. Wenn der Satz fehlerfrei war, kann sich der Schüler ein Gummibärchen in der Farbe des Vorlagenblattes abholen.

Handicapdiktat (motorisch)
Einzelne Sätze eines Übungstextes können mit der linken / rechten Hand / Fuß, mit verbundenen Augen oder mit Hilfe eines Spiegels in Spiegelschrift aufgeschrieben werden.

MP3-Diktat (auditiv)
Der Übungstext wird von den Schülern zunächst in Sinnschritte eingeteilt und dann langsam auf einen MP3-Spieler aufgesprochen.

Wörterwolken
Eine sinnvolle Arbeitstechnik ist es, Wörter zu einem Rechtschreibfall zu sammeln und in der Klasse aufzuhängen. Mit dem kostenlosen Onlineprogramm „Wordle“ (www.wordle.net) kann man die Wörter in unzähligen Schrift- und Farbvarianten kombinieren und sehr eindrucksvolle Plakate gestalten.

Symbole

 Deutlich sprechen und genau hören

 Nachschlagen / Wörterbuch

 Heft

 Schere

 Zusatzaufgabe

 Partnerarbeit

 Gruppenarbeit

Fehleranalysebogen

Name: Zeitraum:

Fehlerart									
Auslassen von Buchstaben									
Großschreibung									
Mitlautverdoppelung (ck, tz)									
Auslautverhärtung									
Ableitung									
Vorsilben ver-, vor-									
das / dass									
Silbentrennendes h									
Merkwörter ß, ie, h, v, x-Laut									
Wörter mit st/sp									
Trennung									

1. Basiswissen und Unterrichtshilfen

Fehleranalysebogen (KV 1) und Verbesserungsplan (KV 2)

Auf dem Fehleranalysebogen (KV 1, siehe S. 5), der für den einzelnen Schüler geführt wird, kann die Lehrkraft für jede schriftliche Übung oder jedes Diktat die Anzahl der Fehler nach Fehlerart sortiert notieren und somit die Fehlerschwerpunkte des einzelnen Schülers schnell erkennen.
Verwendet man vereinbarte Korrekturzeichen, kann man den Schülern mit dem Verbesserungsplan (KV 2) ein hilfreiches Konzept zur Hand geben, welches ihnen eine zur jeweiligen Fehlerart passende Übungsform angibt.

Lernchancen:
- Erkennen der eigenen Fehlerschwerpunkte
- Selbstständiges Verbessern
- Wiederholen der grundlegenden Regeln und Strategien

Tipps für Rechtschreibprofis (KV 3)

Lernchancen:
- Grundlegende Techniken zum Ab- und Rechtschreiben verinnerlichen und üben
- Schwierige Merkstellen erkennen
- Wörter in Sprechsilben einteilen und Silbenbögen einzeichnen
- Vokale markieren und ergänzen

Im vorbereitenden Unterrichtsgespräch sollten die einzelnen Schritte zum Schreiben gesammelt und geklärt werden, um die in Aufgabe 2 geforderte sinnvolle Reihenfolge zu erkennen:
- Genau lesen und hinhören
- Sinnschritte merken
- Beim Schreiben in Silben mitsprechen
- Kontrollieren und schwierige Stellen markieren
- Regeln anwenden, nachschlagen
- Verbessern

Differenzierung:
Leistungsschwächere Kinder können Wörter in Robo-ter-spra-che sprechen und Silben mit Tüchern / Armen schwingen.
Leistungsstärkere Kinder können eigene Rechtschreibtipps notieren.
Zusatzaufgabe: Gemeinsame Gestaltung eines Plakates mit Rechtschreibtipps für die Klasse

Profitraining (KV 4)

Lernchancen:
- Silbensprechen mit Rätselwörtern üben
- Wörter alphabetisch geordnet aufschreiben
- Genaues Lesen und Markieren von Merkstellen
- Nachschlagen im Wörterbuch
- Anwenden gelernter Techniken beim Abschreiben

Differenzierung:
Leistungsschwächere Kinder schreiben nur die fünf wichtigsten Sätze des Textes ab.
Zusatzaufgabe: Herstellen von Wortkärtchen mit selbstständig gefundenen Rätselwörtern.
Spielidee: Nachschlage-Wettbewerb
Die Schüler schlagen ein genanntes Wort im Wörterbuch nach. Wer es zuerst gefunden hat, gewinnt und darf das nächste Wort nennen.

Trainingspass (KV 5)

Lernchancen:
- Reflexion des eigenen Lernfortschritts
- Bewusstmachung eigener Übungserfolge
- Planung weiteren Übens

Differenzierung:
Die Offenheit der Aufgabenstellungen erlaubt eine Bearbeitung gemäß der individuellen Leistungsfähigkeit der Schüler, sowohl hinsichtlich der Formulierung als auch in Bezug auf den Umfang der Bearbeitung.

Verbesserungsplan für ______________________

Symbol	Fehlerart	Verbesserung
	Auslassen von Buchstaben	Sprich das Wort deutlich und schreibe es in Sil-ben mit Silbenbögen und als Ganzes auf.
	Großschreibung	Schreibe mit bestimmtem und unbestimmtem Artikel und in der Einzahl/Mehrzahl auf.
	Mitlautverdoppelung	Sprich den kurzen Selbstlaut deutlich, schreibe auf und markiere: *Sonne*
	Auslautverhärtung	Verlängere (Mehrzahl/Grundform/1. Vergleichsstufe) und schreibe so auf: *Kleider – Kleid*
	Ableitung	Suche Einzahl/verwandtes Wort/Grundstufe und schreibe so auf: *kälter* kommt von *kalt*
	Vorsilben ver- und vor-	Schreibe so: *ver + kaufen = verkaufen, vor + führen = vorführen*
	das / dass	Schreibe den ganzen Satz und ersetze: Artikel „das“: *das Auto – ein Auto* Bindewort „dass“: *dass er – so dass er ...*
	Silbentrennendes h	Verlängere (Mehrzahl/Grundform/1. Vergleichsstufe) und schreibe mit Sil-ben-bö-gen auf.
	Merkwörter ß, ie, h, v, x-Laut	Schreibe das Wort mit 3 Verwandten aus der Wortfamilie auf und markiere: *lieb, Liebe,...*
	Wörter mit st / sp	Suche drei weitere Wörter mit st/sp, schreibe auf und markiere: *Stiefel, Sturm, Spatz, spät*
	Trennungsfehler	Sprich das Wort deutlich und schreibe es in Sil-ben mit Silbenbögen und als Ganzes auf.

Name: Datum:

Tipps für Rechtschreibprofis

1. Lies die Aussagen der Kinder und markiere schwierige Stellen farbig.

Ich verbessere meine Fehler. ◯

Ich lese genau und höre gut hin. ◯

Ich spreche beim Schreiben in Silben mit. ◯

Ich merke mir Sinnschritte. ◯

Ich kontrolliere und markiere schwierige Stellen. ◯

Ich wende Regeln an oder schlage im Wörterbuch nach. ◯

2. Nummeriere die Tipps in der richtigen Reihenfolge.

3. Lies den Text in der Sprechblase, male Sil-ben-bö-gen und markiere die Selbstlaute farbig.

Ich lege mir immer ein Lineal an die Zeile, die ich gerade abschreibe oder kontrolliere.

4. Hier fehlen die Selbstlaute. Setze ein.

___ch k___ntr___ll___r___ W___rt
f___r W___rt v___n h___nt___n n___ch
v___rn ___. S___ f___nd___ ___ch
b___ss___r d___ F___hl___r.

5. Gestaltet mit den Rechtschreibtipps ein Plakat für eure Klasse.

Name: Datum:

Profitraining

1. Kannst du diese Wörter lesen? Verbinde mit den Bildern, schreibe sie nach dem Alphabet geordnet richtig auf und male Silbenbögen.

LFFL LHRRN SCHLSSL FRNSHR FCHS FLGZG HZNG STHL

2. Hier haben sich einige Fehler eingeschlichen.
Schlage die unterstrichenen Wörter im Wörterbuch nach und schreibe sie richtig auf.

Richtig schreiben ist nicht schwer. Ich muss mich nur konzentriren und an die Profitipps denken. Beim Schreiben spreche ich langsam und deutlich mit. Höre ich einen Endlaut nicht genau, kann ich das Word verlengern. Auch das Ableiten hilft, eine richtige Schreibweise zu finden. Wenn ich unsicher bin, schlage ich das Wort nach. Am Ende kontrolliere ich meinen Text grüntlich Wort für Wort. Wörter, die ich mir schlecht merken kann, notiere ich auf kleine Merkzettel und henge sie dort auf, wo ich sie sehen kann.

3. Lies den Text noch einmal und markiere weitere schwierige Stellen.

4. Teile den Text / in Sinnschritte ein / und schreibe ihn ab.
Denke an die Profitipps!

5. Finde noch mehr Rätselwörter wie in Aufgabe 1 und schreibe sie auf Wortkarten.

Name: ____________________ Datum: ______________

Trainingspass

2. Großschreibung von Namenwörtern und Satzanfängen

Jugend trainiert für Olympia (KV 6)

Lernchancen:
- Erkennen und Bilden zusammengesetzter Namenwörter (Nomen)
- eigenständiges Verstehen der Großschreibung am Satzanfang aus dem Textzusammenhang
- Formulieren eigener Regeln zur Großschreibung von Namenwörtern und Satzanfängen

Differenzierung:
Sprachlich schwächeren Schülern können verschiedene Regeln zur Auswahl angeboten werden:
- Namenwörter können in der Einzahl und in der Mehrzahl stehen.
- Namenwörter schreibe ich immer groß.
- Am Ende eines Satzes mache ich immer einen Punkt.
- Am Satzanfang schreibe ich immer groß.
- Es gibt Aussagesätze, Fragesätze und Ausrufesätze.

Spielidee: „Montagsmaler“
An der Tafel gezeichnete Begriffe sollen erraten werden. Wer den Begriff richtig geraten und aufgeschrieben hat, darf als nächster malen. Besonders interessant sind zusammengesetzte Namenwörter.

Übung macht den Meister (KV 7)

Lernchancen:
- Finden und Aufschreiben passender abstrakter Namenwörter zu Wiewörtern
- Ordnen der Sätze und Zusammenlegen zu verschiedenen neuen Sätzen
- Korrigieren fehlender Großschreibung und Einfügen passender Satzzeichen

Differenzierung:
Schwächere Schüler arbeiten mit dem Wörterbuch. Leistungsstärkere erfinden weitere Sätze.
Zusatzaufgabe: Gemeinsames Erarbeiten des Wortfeldes „Sport“ in Form eines Gedankennetzes.

Spielidee: „Onkel Otto“
Ein DIN-A4-Bogen wird quer so gefaltet, dass vier Spalten entstehen, in die oben geschrieben wird: Onkel Otto – sitzt – in der Badewanne – und singt. Nun wird von jedem Mitspieler die erste Spalte neu gefüllt, das Blatt nach hinten umgeknickt und weitergegeben. Nach viermaligem Weitergeben kann der Satz vorgelesen und dann gelacht werden.

Klein-Groß-Diktat (KV 8a und b)

Der Übungstext ist vollständig in Kleinbuchstaben und ohne Satzzeichen abgedruckt. Für die Satzzeichen sind Platzhalter eingefügt. Das Hauptaugenmerk liegt hier im Erkennen der notwendigen Großschreibung und dem Ab- oder Aufschreiben des Textes gemäß der zuvor gelernten Vorgehensweise. Zudem wird ein Schleichdiktat angeregt.

Lernchancen:
- Genaues Lesen und Ergänzung fehlender Satzzeichen
- Herausfinden und Korrektur der Großschreibung von Namenwörtern und Satzanfängen mit Hilfe des Wörterbuches
- Markieren schwieriger Stellen
- Einteilen in Sinnschritte
- Abschreiben, kontrollieren und verbessern

Differenzierung:
KV 8a: Text (61 Wörter) mit kürzeren und einfacheren Sätzen; KV 8b: Text (81 Wörter) mit längeren und schwierigeren Sätzen.
Die folgenden Textvorlagen können den Schülern vergrößert zur Selbstkontrolle angeboten werden:

Die Entscheidung
Julias Mannschaft steht im Endspiel des Landeswettbewerbs. Die Fußballerinnen sind aufgeregt. Wer wird heute gewinnen? Kurz vor dem Ende liegt noch keine Mannschaft vorne. Die Spieler kämpfen um jeden Ball. Plötzlich bekommt Julia den Ball direkt vor die Füße. Sie stürmt zum Tor und schießt. Volltreffer! Julia kann es kaum glauben. Sie haben gewonnen und dürfen zum Finale fahren.

Die Entscheidung
Julias Mannschaft hat sich durchgesetzt und steht im Endspiel des Landeswettbewerbs Die Fußballerinnen sind sehr aufgeregt. Wer wird heute wohl gewinnen?
Wenige Sekunden vor dem Abpfiff liegt noch keine Mannschaft vorne. Die Spielerinnen kämpfen erbittert um jeden Vorteil. Plötzlich steht Julia frei und bekommt den Ball direkt vor die Füße. Sie stürmt wie der Blitz zum Tor und schießt mit aller Kraft.
Volltreffer! Julia kann es kaum glauben. Sie haben wirklich gewonnen und dürfen zum Bundesfinale nach Berlin fahren.

Materialien zum Sachthema

- Basisinformationen: www.jtfo.net/home/
- Lied zum Einstieg: www.jtfo.de/jtfo-song/

Name: Datum:

Jugend trainiert für Olympia

Jedes Jahr nehmen in Deutschland mehr als 800.000 Schüler an diesem Wettbewerb teil. Der Wettkampf wurde 1969 ins Leben gerufen. Mitmachen dürfen Schüler ab einem Alter von 8 Jahren. Die Schulmannschaften können sich in Sportarten wie Fußball, Gerätturnen, Leichtathletik oder Schwimmen mit den jungen Sportlern anderer Schulen messen. Wenn sie gut genug sind, nehmen sie am jährlichen Bundesfinale in Berlin teil.

1. Unterstreiche alle zusammengesetzten Namenwörter (Nomen) im Text und markiere den Anfangsbuchstaben.
   An welche Regel erinnerst du dich?

____

2. Immer zwei Nomen gehören zusammen. Färbe sie in der gleichen Farbe und schreibe so auf:
   das Fahrrad + der Sattel = der Fahrradsattel

Boot, Fuß, Helm, Brille, Schuh, Taucher, Röckchen, Wasser, Gold, Ballett, Schläger, Ski, Start, Ruder, Flasche, Medaille, Schuss, Fahrrad, Ziel, Ball, Linie, Tennis

3. Kreise nun im Text alle Satzanfänge und Satzzeichen ein. Welche Regel passt hier?

____

4. Sucht noch mehr zusammengesetzte Nomen und schreibt sie auf Wortkarten. Ihr könnt auch malen.

Haustür

Name: Datum:

Übung macht den Meister!

1. So sind Sportler! Finde zu jedem dieser Adjektive das passende Nomen und schreibe es mit Artikel auf.

kräftig ______ jugendlich ______ interessiert ______

fleißig ______

fröhlich ______

gefühlvoll ______ glücklich ______

durstig ______ hungrig ______

ausdauernd ______

2. Hier ist alles durcheinander geraten. Schneide die Wörter Satz für Satz aus und probiere verschiedene Möglichkeiten aus, bevor du die Sätze aufklebst. Was musst du am Ende noch korrigieren?

auf frida	immer	verlassen	kann man sich	in der staffel
max	beim startsprung	von allen	ist	der beste
jede woche	maja	trainiert	im schwimmbad	dreimal

3. Findet weitere Nomen, die zum Thema Sport passen.

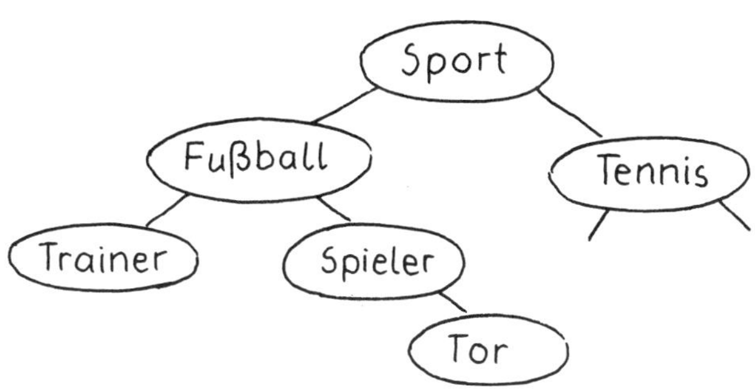

Name: Datum:

die entscheidung

julias mannschaft steht im endspiel des landeswettbewerbs _ die fußballerinnen sind aufgeregt _ wer wird heute gewinnen _ kurz vor dem ende liegt noch keine mannschaft vorne _ die spieler kämpfen um jeden ball _ plötzlich bekommt julia den ball direkt vor die füße _ sie stürmt zum tor und schießt _ volltreffer _ julia kann es kaum glauben _ sie haben gewonnen und dürfen zum finale fahren _

(61 Wörter)

1. Lies genau und ergänze die fehlenden Satzzeichen.
2. Welche Wörter müssen groß geschrieben werden? Schlage im Wörterbuch nach und verbessere.
3. Markiere schwierige Stellen.
4. Teile den Text in Sinnschritte ein.
5. Schreibe den Text richtig ab. Du kannst ihn auch als Schleichdiktat üben.

die entscheidung

julias mannschaft hat sich durchgesetzt und steht im endspiel des landeswettbewerbs __ die fußballerinnen sind sehr aufgeregt __ wer wird heute wohl gewinnen__ wenige sekunden vor dem abpfiff liegt noch keine mannschaft vorne __ die spielerinnen kämpfen erbittert um jeden vorteil __ plötzlich steht julia frei und bekommt den ball direkt vor die füße __ sie stürmt wie der blitz zum tor und schießt mit aller kraft __ volltreffer __ julia kann es kaum glauben __ sie haben wirklich gewonnen und dürfen zum bundesfinale nach berlin fahren __

(81 Wörter)

1. Lies genau und ergänze die fehlenden Satzzeichen.
2. Welche Wörter müssen groß geschrieben werden? Schlage im Wörterbuch nach und verbessere.
3. Markiere schwierige Stellen.
4. Teile den Text in Sinnschritte ein.
5. Schreibe den Text richtig ab. Du kannst ihn auch als Schleichdiktat üben.

3. Silbentrennung und silbentrennendes h

Reise in die Vergangenheit (KV 9)

Einstiegsidee: Beruferaten
Verschiedene Berufe werden pantomimisch dargestellt, von der Klasse geraten und aufgeschrieben. Wer einen Beruf richtig erraten und aufgeschrieben hat, darf den nächsten vorspielen.

Lernchancen:
- Deutliches Sprechen langer Wörter
- Zeichnen von Silbenbögen
- Aufschreiben nach Silben getrennt

Differenzierung:
Schwächere Schüler können zum Herausfinden der Silbenunterteilung durch das Klassenzimmer schreiten oder die Wörter in die Luft schwingen. Eine Hilfe bei Aufgabe 3 ist es, die gesuchten Berufe zunächst zu nennen und deren Bedeutung zu klären. Bietet man sie auf Silbenwortkarten an, können die Schüler sie konkret zusammen- und umlegen.
Leistungsstärkere Schüler informieren sich über die angegebenen Berufe, suchen weitere und schreiben sie auf Silbenkärtchen.

Se-hen und ver-ste-hen (KV 10)

Lernchancen:
- Zusammensetzen von Verben mit silbentrennendem h aus Wortbausteinen
- Bewusstwerden der silbentrennenden Stellung des h durch Markieren und Zeichnen von Silbenbögen
- Selbstständiges Finden und Schreiben passender Personalformen durch Einsetzen der Verben in einen Lückentext
- Vertiefen der Erkenntnis durch zwei Merktipps

Differenzierung:
Schwächere Schüler benötigen sicherlich Hilfestellung bei der Formulierung ihrer Erkenntnis in Aufgabe 2.
Schnell arbeitende Schüler können als Zusatzaufgabe die Verben aus Aufgabe 1 in den ersten drei Personalformen aufschreiben. Auch können sie mit einem Partner zusammen überlegen, warum der Spruch „Eine Kuh macht muh,…“ witzig ist, aber auch eine Lernhilfe darstellen kann.

Familientreffen (KV 11)

Hier handelt es sich um ein Lernspiel, das zunächst ausgeschnitten werden muss. Da es in Gruppen gespielt wird (2–4 Schüler), benötigt man nur so viele Kopien, wie Spielgruppen gebildet werden. Es empfiehlt sich aber, festeres Papier zu verwenden und Briefumschläge o. Ä. zur Aufbewahrung der Kärtchen bereitzuhalten. Falls gewünscht, kann man das silbentrennende h auf den Wortkärtchen noch mit Leuchtstift markieren und die Wörter einer Wortfamilie in derselben Farbe ausmalen.
Ziel des Spiels ist es, durch Aufdecken möglichst viele Dreierfamilien (Wörter einer Wortfamilie) zu finden. Um dem Rechtschreiben Rechnung zu tragen, werden von allen Mitspielern jeweils die 3 Wörter einer kompletten Familie aufgeschrieben.

Dosendiktat (KV 12 a und b)

Der Übungstext ist in jeweils zehn Satzstreifen gegliedert, die zunächst ausgeschnitten werden müssen. Statt einer Dose kann natürlich auch ein anderes Behältnis für die Satzstreifen verwendet werden. Wichtig ist nur, dass die Streifen komplett darin verschwinden, d. h. für den Schüler nicht mehr sichtbar sind. Sinnvoll ist es, einige Kopien komplett als Vorlage zur Kontrolle durch die Schüler bereitzustellen (evt. laminiert).

Lernchancen:
- Gliedern langer Wörter durch Silbenbögen und Silbensprechen
- Bewusstmachen von Merkstellen und passenden Schreibhilfen (hier Verlängern)
- Konzentriertes Lesen der Satzstreifen
- Training des Merkvermögens
- Rituale: Kontrolle und Vergleich mit Vorlage

Differenzierung:
KV 12a: kürzerer Text (65 Wörter) mit kürzeren und einfacheren Sätzen.
KV 12b: längerer Text (85 Wörter) mit längeren und schwierigeren Sätzen.

Materialien zum Sachthema

- Alle Freilichtmuseen Deutschlands mit Links: http://www.vl-freilichtmuseen.de/
- Ausreichende Kurzinfos zu alten Berufen: www.fragfinn.de, www.blindekuh.de > Alte Berufe

Name: Datum:

Reise in die Vergangenheit

In Deutschland gibt es über einhundert **Freilandmuseen**. Manche sind **Ausgrabungsstätten**, Römeranlagen oder Siedlungen aus dem Mittelalter. In anderen wurden Bauernhäuser, Werkstätten und Stallungen aus den letzten **Jahrhunderten** originalgetreu **rekonstruiert** und mit damals **gebräuchlichen** Werkzeugen und **Gerätschaften** ausgestattet. In den Hausgärten werden verschiedenste **Nutzpflanzenarten** angebaut. Häufig werden auch seltene **Haustierrassen** gehalten und alte **Handwerkstechniken** vorgeführt. Damals arbeiteten die Menschen zum Beispiel als Leinenweber, Kerzenzieher, Korbflechter oder Waffenschmied.

1. Sprich die markierten Wörter deutlich aus und male Silbenbögen:
   Freilandmuseen
2. Schreibe die Wörter nach Silben getrennt auf: **Frei-land-mu-se-en**

____

____

____

____

3. Findest du alle alten Berufe? Färbe mit der gleichen Farbe, was zusammengehört, schreibe auf und male Silbenbögen.

Lei	we	flech	zen	schmied	Ker	zie
ber	Korb	nen	ter	fen	Waf	her

____

____

4. Informiere dich über diese alten Berufe. Findest du noch mehr?

Name: Datum:

Se-hen und ver-ste-hen

1. Im Museumsdorf ist immer etwas los. Setze die Wörter richtig zusammen.

____

____

2. Male nun Silbenbögen und markiere in jedem Wort das h farbig. Was fällt dir auf?

   Das h steht immer ______________________________.

3. Suche die passenden Wörter aus dem Mühlrad und setze sie in der richtigen Personalform ein.

   Das Mühlrad __________ sich schnell, weil der Müller die Schleuse geöffnet hat. In der Schmiede __________ ein Pferd und wartet geduldig auf sein Hufeisen. Erst wenn das Metall richtig __________, ist es heiß genug zum Schmieden. Am Dorfbrunnen __________ ein Mädchen einen Eimer Wasser zum Kochen herauf. Hinter den Stallungen __________ ein Sonnenblumenfeld. Wenn die Sonnenblumenkerne reif sind, wird es mit der Sense __________.

Name: Datum:

Familientreffen

Immer drei Wörter mit silbentrennendem h gehören zu einer Wortfamilie und müssen gefunden werden. Schneidet die Wortkärtchen aus und legt sie verdeckt auf den Tisch. Nun deckt ihr reihum jeweils 3 Kärtchen auf und lest sie laut vor. Wer drei passende Familienmitglieder gefunden hat, darf die Kärtchen nehmen und behalten. Schreibt alle die drei Wörter auf. Derjenige, der am Ende die meisten Familien gefunden hat, gewinnt.

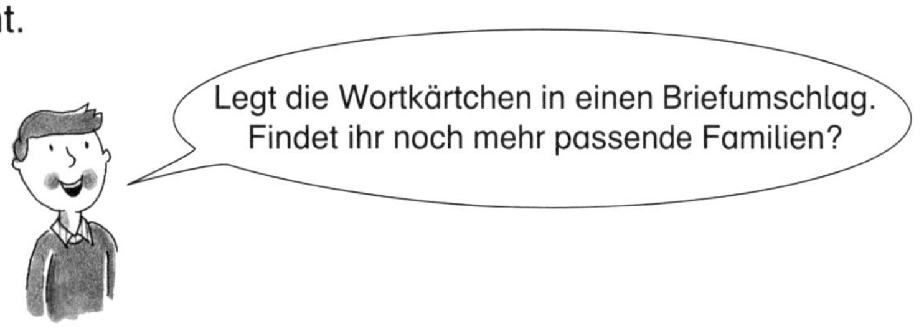

Schuh	entsteht	Floh	wiehern	dreht
Schuhe	entstehen	Flöhe	Gewieher	Drehung
Schuhmacher	Entstehung	Flohzirkus	wiehert	drehen
Naht	droht	froh	leiht	zieht
näht	Drohung	frohe	Ausleihe	Ziehung
Näherin	bedroht	Fröhlichkeit	leihen	ziehen
Ruhe	wehen	Reh	Verzeihung	sieht
ruht	weht	Rehe	verzeiht	Fernsehen
ruhig	Verwehung	Rehkitz	verzeihen	Versehen

Name:	Datum:

Kindertag im Museumsdorf

1. Florian geht gleich los.
2. Er sucht die Waffenschmiede.
3. Dort sieht er, wie eine Schwertklinge entsteht.
4. Das heiße Eisen glüht rot.
5. Sabine zieht es zu den Kuhställen hinter dem Kräutergarten.
6. Tom dreht eine Runde mit dem alten Pferdegespann.
7. Der Wind weht ihm ins Gesicht.
8. Lina gibt sich große Mühe in der Schneiderwerkstatt.
9. Sie näht einfache Schuhe aus Leder.
10. Am Abend sind alle froh.

(65 Wörter)

1. Lies den Text genau durch und male Silbenbögen unter die langen Wörter.
2. Markiere mit einem gelben Stift die Wörter, die du verlängern musst um das silbentrennende h zu hören.
3. Schneide nun die Satzstreifen aus und lege sie geordnet auf.
4. Lies einen Streifen, merke dir die schwierigen Stellen und stecke ihn in die Dose.
5. Schreibe den Satz auf und kontrolliere genau.
6. Nimm jetzt den nächsten Streifen.
7. Wenn du alle Sätze geschrieben hast, vergleiche mit der Vorlage und verbessere.

Name: Datum:

Kindertag im Museumsdorf

1. Florian geht gleich los und sucht die Waffenschmiede.

2. Dort sieht er, wie eine Schwertklinge entsteht.

3. Das heiße Eisen glüht rot.

4. Sabine zieht es zu den Kuhställen hinter dem Kräutergarten.

5. Später möchte sie gerne beim Butterstampfen mitmachen.

6. Tom dreht inzwischen eine Runde mit dem alten Pferdegespann.

7. Der Wind weht ihm ins Gesicht und er hat Riesenspaß.

8. Lina gibt sich große Mühe in der Schneiderwerkstatt.

9. Sie näht einfache Schuhe aus Leder.

10. Am Abend sind alle froh, dass sie so einen tollen Tag erlebt haben.

(85 Wörter)

1. Lies den Text genau durch und male Silbenbögen unter die langen Wörter.
2. Markiere mit einem gelben Stift die Wörter, die du verlängern musst um das silbentrennende h zu hören.
3. Schneide nun die Satzstreifen aus und lege sie geordnet auf.
4. Lies einen Streifen, merke dir die schwierigen Stellen und stecke ihn in die Dose.
5. Schreibe den Satz auf und kontrolliere genau.
6. Nimm jetzt den nächsten Streifen.
7. Wenn du alle Sätze geschrieben hast, vergleiche mit der Vorlage und verbessere.

4. Mitlautverdoppelung

Großes Sammlertreffen (KV 13)

Lernchancen:
- Erkennen von Wörtern mit doppeltem Mitlaut
- Abhören des kurzen Selbstlauts
- Vertiefung durch Schreiben und Markieren
- Finden einer passenden Regel

Differenzierung:
Schülern, denen die akustische Differenzierung zwischen kurzem und langem Selbstlaut schwer fällt, kann man die Wörter überbetont (kurz/lang) vorsprechen.
Die Zusatzaufgabe lässt man am besten in einem Partner- oder Kleingruppengespräch klären, an dem die Lehrkraft moderierend teilnimmt. Es geht um aktive Auseinandersetzung mit Sprache und das Sprechen darüber. Mögliche Erkenntnisse:
- Zusammengesetztes Nomen aus „Essen“ und „Stand“
- Kein doppelter Mitlaut nach kurzem Selbstlaut
- Schwierige Aussprache ohne Fugen-s „Essenstand“ im Vergleich zu „Essen-s-stand“
- Finden weiterer Beispiele

Interessante Sammlerstücke (KV 14)

Lernchancen:
- Abhören und Differenzieren von kurzem und langem Selbstlaut oder Umlaut
- Nachschlagen im Wörterbuch
- Finden von Wörtern mit doppeltem Mitlaut in einem Gitterrätsel
- Entscheidung über Groß- und Kleinschreibung gemäß Wortart

Differenzierung:
Leistungsschwächeren Schülern kann man die Anfangsbuchstaben der Wörter im Gitterrätsel einkreisen oder eine Liste der zu suchenden Wörter verdeckt an die Seitentafel schreiben.
Leistungsstarke Schüler können ein Wort aus dem Gitterrätsel auswählen und ein Akrostichon mit Wörtern mit Mitlautverdoppelung gestalten:

DONNER
IMMER
SONNE
KAMMER
ESSEN
TANNE
TELLER
ELLE

Spielidee: Wörtergymnastik
Die Schüler sitzen auf ihren Stühlen, während die Lehrkraft nacheinander verschiedene Begriffe nennt. Bei Begriffen mit kurzem Selbstlaut, ziehen die Kinder schnell die Knie an den Körper, bei langem werden die Füße möglichst waagerecht vor den Körper gestreckt. Die Kinder können natürlich auch andere Übungen vorschlagen.

Regelkenner und Wörtersammler (KV 15)

Lernchancen:
- Regelbewusstsein aufbauen
- Unterscheiden zwischen doppeltem Mitlaut oder mehreren Mitlauten nach kurzem Selbstlaut
- Analogien bilden mit Wortfamilien

Differenzierung:
Zur Hilfestellung bei Aufgabe 1 können Wortkarten mit den Begriffen vorbereitet und angeboten werden.
Die Schüler kennzeichnen den kurzen Vokal und die folgenden Mitlaute farbig und sortieren sie dann den beiden angebotenen Regeln zu:
- zwei oder mehr Mitlaute
- doppelter Mitlaut.

Die Schreibweise wird dann wie folgt begründet:
„Stift schreibe ich mit einem f, weil ich nach dem kurzen i ein f und ein t höre“
„Bei Qualle höre ich nur ein l nach dem kurzen a, also muss ich es verdoppeln“

Bilderdiktat (KV 16 a und b)

Im Übungstext sind acht (KV 16a) bzw. neun (KV 16b) Nomen mit doppeltem Mitlaut als Bilder dargestellt, die zunächst verschriftet werden müssen. Bevor der gesamte Text dann geübt werden kann, sollen die Kinder die richtige Schreibweise der eingesetzten Wörter mit dem Wörterbuch überprüfen. Anschließend markieren sie weitere Wörter mit doppeltem Mitlaut und Stellen, die ihnen schwierig erscheinen. Nachdem der Text in Sinnschritte eingeteilt wurde, kann er geschrieben werden. Hier wird das Schreiben am Computer angeregt. Dies hat zum einen eine hohe motivierende Funktion und zum anderen wirkt sich das Arbeiten mit der Rechtschreibfunktion positiv auf die Behaltensleistung aus.

Differenzierung:
KV 16a: kürzerer Text (69 Wörter) mit kürzeren und einfacheren Sätzen.
KV 16b: längerer Text (89 Wörter) mit längeren und schwierigeren Sätzen.

Bildwörter: Himmel, Sonne, Puppen, Ritter, Tassen, Pizza, Gewitter, Müll.

Name: Datum:

Großes Sammlertreffen

Kommt zum Staunen und Tauschen!

Egal, ob ihr Briefmarken, Tassen oder Radiergummis sammelt, ihr seid alle willkommen!

Wann? Sonntag, 10–16 Uhr
Wo? Parkplatz am Ritterweg

Die tollste Sammlung gewinnt einen Preis!
Teilnahmezettel für den Wettbewerb gibt es am Essensstand.
Viel Erfolg!

1. Unterstreiche alle Wörter mit doppeltem Mitlaut.
2. Sprich die Wörter deutlich. Wie klingt der Selbstlaut vor dem doppelten Mitlaut?
   Kreuze an. kurz ☐ lang ☐
3. Schreibe die Wörter auf und markiere so: Sammlertreffen

____

____

____

____

4. Welche Regel passt hier? Kreuze an.
   ☐ Wenn du nach kurzem Selbstlaut oder Umlaut nur einen Mitlaut hörst, musst du ihn verdoppeln.
   ☐ Wörter mit doppeltem Mitlaut sind Ausnahmen, die man gut üben muss.
5. Kannst du das zweite Doppel-s in Essensstand erklären?

____

Name: Datum:

Interessante Sammlerstücke

1. Sprich die Wörter deutlich. Klingt der erste Vokal oder Umlaut kurz (.) oder lang (–)? Schreibe auf und markiere so: Quelle, Hose

   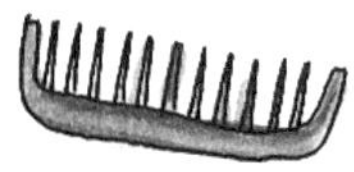 

2. Kontrolliere mit dem Wörterbuch.

3. Hier haben sich 14 Wörter mit doppeltem Mitlaut waagerecht und senkrecht versteckt. Kreise ein und schreibe auf. Achte auf Groß- und Kleinschreibung!

S	B	A	C	D	E	D	G	G	L	A	T	T	H	L	P
E	G	W	U	I	Q	Ü	W	O	P	K	E	D	P	Z	A
W	N	A	S	S	W	N	E	F	K	I	L	B	R	X	S
X	E	C	T	K	R	N	Y	E	D	T	L	O	O	W	S
V	H	U	Z	E	T	F	U	T	W	S	E	Z	G	S	F
B	A	J	S	T	O	F	F	T	I	E	R	O	R	Z	O
N	D	L	U	T	I	D	Ü	R	D	I	J	L	A	I	T
M	E	S	S	E	R	Y	L	Z	G	R	M	I	M	E	O
I	O	T	S	G	O	C	L	I	H	S	A	V	M	Q	S
P	R	E	T	A	N	N	E	N	Z	A	P	F	E	N	R
O	Z	Q	A	H	P	V	R	U	J	T	P	D	C	K	E
V	O	L	L	J	K	B	N	M	K	B	E	A	S	W	Y

Name: Datum:

Regelkenner und Wörtersammler

1. Sprich die Wörter deutlich und entscheide, welche Regel dir helfen kann.

2. Ordne die Wörter nun in die Tabelle ein und markiere so:

Antons Regel	Emmas Regel
der Topf	die Brille

3. Finde zu diesen Wörtern mit doppeltem Mitlaut mindestens zwei verwandte Wörter.

Verbrennung __________

Interesse __________

Nummer __________

4. Suche im Wörterbuch weitere Wörter mit doppeltem Mitlaut.

Name: Datum:

Beim Sammlertag

Es ist ein herrlicher Sonntag. Der  ____________ ist blau und die  __________ brennt heiß. Sandra hofft, ein paar schöne  ____________ für ihre Sammlung zu finden. Andreas hat schon einen tollen  ____________ entdeckt. Die Frau mit den wertvollen  ____________ kennen sie schon lange. Als sie sich  __________ holen wollen, beginnt ein gewaltiges  ______________. Alle rennen schnell los, um nicht nass zu werden. Diesen Tag vergisst keiner so schnell. (69 Wörter)

1. Lies den Text, ergänze die fehlenden Wörter. Kontrolliere mit dem Wörterbuch.
2. Unterstreiche alle Wörter mit doppeltem Mitlaut und markiere so: Sammlertag
3. Markiere weitere schwierige Stellen.
4. Teile den Text in Sinnschritte ein.
5. Schreibe den Text richtig ab. Du kannst ihn auch am Computer üben.

Beim Sammlertag

Es ist ein herrlicher Sonntag. Der  ____________ ist blau und die  __________ brennt heiß. Sandra hofft, ein paar schöne  ____________ für ihre Sammlung zu finden. Andreas hat schon einen tollen  ____________ entdeckt. Die interessante Frau mit den wertvollen  ____________ kennen sie schon lange. Gerade als sie sich  __________ holen wollen, beginnt ein gewaltiges  ______________. Der Wind fegt durch die Gassen und überall fliegt  ________ herum. Bald schon schüttet es wie aus Eimern. Alle rennen schnell los, um nicht nass zu werden. Diesen Tag vergisst keiner so schnell. (89 Wörter)

1. Lies den Text, ergänze die fehlenden Wörter. Kontrolliere mit dem Wörterbuch.
2. Unterstreiche alle Wörter mit doppeltem Mitlaut und markiere so: Sammlertag
3. Markiere weitere schwierige Stellen.
4. Teile den Text in Sinnschritte ein.
5. Schreibe den Text richtig ab. Du kannst ihn auch am Computer üben.

5. Vorsilben Ver- / ver- , Vor- / vor-

Markus ist Schulsanitäter (KV 17)

Lernchancen:
- Erkennen und Markieren der Vorsilben ver- und vor-
- Unterscheidung verschiedener Wortarten mit Vorsilben ver- und vor-

Mit der Zusatzaufgabe wird der Aspekt der Bedeutungsveränderung durch Vorsilben angesprochen, der das Erkennen von Vorsilben unterstützt. Sprachbewusste Schüler können die Aufgabe im Gruppengespräch diskutieren und Beispiele auf Wortkarten notieren und illustrieren.
Schwächere Schüler benötigen sicher mehrere konkrete Beispiele, die z. B. anhand der Ergebnisse aus der o. g. Gruppenarbeit vorgestellt werden können.

Vorsilben verstehen – Fehler vermeiden! (KV 18)

Lernchancen:
- Zusammensetzen verschiedener Verben mit den Vorsilben ver- und vor-
- Verstehen der Bedeutungsveränderung der Verben durch sinngemäßes Einsetzen in einen Lückentext
- Verinnerlichen der Schreibweise der Vorsilben ver- und vor- mit v
- Finden weiterer Wörter mit Vorsilben ver- und vor- im Wörterbuch

Differenzierung:
Mit weniger sprachsicheren Schülern sollte die Bedeutung der Verben aus Aufgabe 1 gemeinsam geklärt werden, um das sinngemäße Einsetzen in den Lückentext zu erleichtern. Da einige der Verben sowohl mit ver-, als auch mit vor- zusammengesetzt werden können, ist es wichtig sicher zu stellen, dass alle möglichen neuen Verben gefunden wurden.
Die Zusatzaufgabe fordert von den Schülern weitere Wörter mit den Vorsilben ver- und vor- im Wörterbuch zu finden. Sie könnten auf einem Klassenplakat gesammelt werden.

Vorsilben mit Verstand einsetzen (KV 19)

Lernchancen:
- Einsetzen der Vorsilben ver- und vor- in einen Lückentext
- Entscheidung über Groß- und Kleinschreibung gemäß Wortart
- Bildung der Grundform zu Verben aus dem Text
- Entscheidung zwischen Schreibweise mit f oder v (Vorsilben)
- Selbstkontrolle mit Wörterbuch

Differenzierung:
Um Aufgabe 2 leichter zu bewältigen, ist es hilfreich, zunächst gemeinsam alle Verben zu unterstreichen. Leistungsstarke Schüler können zusätzlich Verben zu den Nomen und Adjektiven mit Vorsilben im Text bilden.
Bei der Zusatzaufgabe sollen die Schüler zwischen der Schreibweise des Lautes / f / mit f oder v (wenn es sich um eine Vorsilbe handelt) unterscheiden.

Purzeldiktat (KV 20a und b)

Beim vorliegenden Übungstext geht es darum, 7 bzw. 9 Sätze zur Ersten Hilfe in eine sinnvolle Reihenfolge zu bringen und zu nummerieren. Dazu werden die Satzstreifen zunächst ausgeschnitten, sortiert und aufgeklebt. Nachdem die Vorsilben markiert und der Text in Sinnschritte eingeteilt ist, kann er abgeschrieben oder als Würfeldiktat mit einem Partner geübt werden. Dazu würfeln die Mitspieler abwechselnd mit zwei Würfeln und versuchen so schnell wie möglich die Sätze in fortlaufender Reihenfolge zu erwürfeln und aufzuschreiben. Kontrolliert wird gegenseitig. Wer zuerst fertig ist und die wenigsten Fehler hat, gewinnt.

Differenzierung:
KV 20a: kürzerer Text (73 Wörter) mit 7 Sätzen
KV 20b: längerer Text (93 Wörter) mit 9 Sätzen

Zur Selbstkontrolle empfiehlt es sich einige Textvorlagen bereit zu halten:

Erste Hilfe Regeln
Zunächst beruhige ich den Verletzten und frage, was genau passiert ist.
Bei schlimmen Verletzungen verschwende ich keine Zeit und hole schnell Hilfe.
Kleine Wunden dagegen kann ich verantwortungsvoll selbst versorgen.
Wenn ich eine blutende Wunde verarzte, ziehe ich vorher Einweghandschuhe an.
Eine verschmutzte Stelle reinige ich vorsichtig mit frischem Leitungswasser.
Dann verwende ich ein Desinfektionsspray um Entzündungen vorzubeugen.
Zum Schutz klebe ich ein Pflaster auf oder verbinde die Wunde vorschriftsmäßig.

Am Ende verfasse ich einen kurzen Bericht über den Vorfall.
Verschlimmert sich die Verletzung, muss unbedingt ein Arzt aufgesucht werden!

Name: Datum:

Markus ist Schulsanitäter

Seit letztem Schuljahr ist mein großer Bruder Schulsanitäter. In einem Erste-Hilfe-Kurs hat er gelernt, welche Aufgaben er übernehmen darf und wie er sie verantwortungsvoll ausführt. Gestern hat mir Markus davon erzählt: „Wir versorgen Schüler, die sich leicht verletzt haben. Zunächst versuchen wir herauszubekommen, was passiert ist. Dabei ist es wichtig, ruhig und vernünftig mit den Betroffenen zu sprechen. Meist genügt es, die Wunde vorsichtig von Verschmutzungen zu befreien und ein Pflaster aufzukleben. Bei schlimmeren Fällen sind wir verpflichtet, sofort einen Lehrer zu informieren. Über jeden unserer Einsätze verfassen wir einen genauen Bericht. Außerdem muss das Verbandsmaterial in unserer Sanitätstasche immer vorbildlich sortiert und vollständig sein.

1. Lies den Text genau und kreise alle Wörter mit den Vorsilben (vor-) und (ver-) ein.

2. Trage die Wörter richtig in die Tabelle ein. Markiere die Vorsilben farbig.

Nomen	Verben	Adjektive

3. Was passiert mit Wörtern durch die Vorsilben (ver-) oder (vor-)?

Erklärt an Beispielen: schlagen – vorschlagen, Kauf – Verkauf, ...

Name: Datum:

Vorsilben verstehen – Fehler vermeiden!

1. Bilde neue Verben und markiere die Vorsilben.

2. Füge passende Verben aus Aufgabe 1 in der richtigen Personalform ein.

Jeden Tag ____________________ die Ersthelfer bei ihren Einsätzen einige Pflaster.

Wenn man sich ___________ hat, sollte man schnell mit Wasser kühlen.

Ein Ersthelfer muss sich in die Lage des Verletzten _______________ können.

Nach jedem Einsatz wird ein genauer Bericht ____________________.

Beim Erste-Hilfe-Kurs sollen die Ersthelfer ____________________, was sie gelernt haben.

Medikamente müssen vom Arzt ____________________ werden.

3. Suche im Wörterbuch weitere Wörter mit (vor-) und (ver-), schreibe sie auf und markiere die Vorsilben.

Name: Datum:

Vorsilben mit Verstand einsetzen

1. Lies den Text und trage die Vorsilben vor- und ver- passend ein.
   Achte auf Groß- und Kleinschreibung.

Was für ein Tag!

Am Morgen hat Markus fast _____schlafen, weil er seinen Wecker nicht eingeschaltet hatte. Beim Frühstück hat er sich dann die Zunge am Kakao _____brannt und alles _____schüttet. Weil er zu spät aus dem Haus ging, _____passte er die Straßenbahn und musste laufen. In der Schule merkte er, dass er seine Sanitätstasche _____gessen hatte. Zum Glück gab es in der Klasse einen _____bandskasten und er konnte mit seinem _____trag über Erste Hilfe beginnen. So konnte er seinen Mitschülern _____führen, wie man eine Wunde _____sorgt und sie von _____schmutzungen reinigt. Als er nach Hause kam, war sein Schlüssel _____schwunden und er musste auf seinen Bruder warten. Später merkte er, dass er den Schlüssel _____sehentlich in seine Trainingsjacke gesteckt hatte. Im Hallenbad hat er dann auch noch sein Handtuch _____loren. Es war aber auch alles wie _____hext! Am Abend hat Markus seine Sachen für den nächsten Tag _____bildlich hergerichtet und sich fest _____genommen, früher aufzustehen.

2. Suche alle Verben mit ver- und vor- im Text und schreibe sie in der Grundform auf.
   verschlafen, verbrennen, ...

3. Kannst du die Rätselwörter finden? Achtung, nicht alle beginnen mit den Vorsilben vor- und ver-! Kontrolliere mit dem Wörterbuch.

Auf einer Hauptstraße haben die Fahrzeuge _____fahrt.

Die Jungen vom Schwein heißen _____kel.

Im Karneval _____kleiden sich viele Menschen gerne _____rückt.

Den hinteren Teil des Fußes nennt man _____se.

Ein _____scher macht oft viele _____suche.

Name: Datum:

Erste-Hilfe-Regeln

◯	Bei schlimmen Verletzungen verschwende ich keine Zeit und hole schnell Hilfe.
◯	Wenn ich eine blutende Wunde verarzte, ziehe ich vorher Einweghandschuhe an.
◯	Zum Schutz klebe ich ein Pflaster auf oder verbinde die Wunde vorschriftsmäßig.
◯	Zunächst beruhige ich den Verletzten und frage, was genau passiert ist.
◯	Eine verschmutzte Stelle reinige ich vorsichtig mit frischem Leitungswasser.
◯	Kleine Wunden dagegen kann ich verantwortungsvoll selbst versorgen.
◯	Dann verwende ich ein Desinfektionsspray um Entzündungen vorzubeugen.

(73 Wörter)

1. Hier ist einiges durcheinander geraten.

   Schneide die Satzstreifen aus, bringe sie in die richtige Reihenfolge und nummeriere.

2. Klebe die Satzstreifen auf und markiere die Vorsilben (vor-) und (ver-) farbig.

3. Teile den Text in Sinnschritte ein und schreibe ihn ab.

Du kannst ihn auch mit einem Partner als Würfeldiktat schreiben:
Gespielt wird abwechselnd mit zwei Würfeln. Versucht die Sätze in der richtigen Reihenfolge zu erwürfeln (1, 2, 3,...) und aufzuschreiben. Ihr könnt die Würfelaugen auch zusammenzählen. Wer hat zuerst den ganzen Text aufgeschrieben?

4. Kontrolliert eure Texte gegenseitig.

Name: Datum:

Erste-Hilfe-Regeln

	Bei schlimmen Verletzungen verschwende ich keine Zeit und hole schnell Hilfe.
	Verschlimmert sich die Verletzung, muss unbedingt ein Arzt aufgesucht werden.
	Zunächst beruhige ich den Verletzten und frage, was genau passiert ist.
	Am Ende verfasse ich einen kurzen Bericht über den Vorfall.
	Wenn ich eine blutende Wunde verarzte, ziehe ich vorher Einweghandschuhe an.
	Zum Schutz klebe ich ein Pflaster auf oder verbinde die Wunde vorschriftsmäßig.
	Eine verschmutzte Stelle reinige ich vorsichtig mit frischem Leitungswasser.
	Kleine Wunden dagegen kann ich verantwortungsvoll selbst versorgen.
	Dann verwende ich ein Desinfektionsspray um Entzündungen vorzubeugen.

(93 Wörter)

1. Hier ist einiges durcheinander geraten.

   Schneide die Satzstreifen aus, bringe sie in die richtige Reihenfolge und nummeriere.

2. Klebe die Satzstreifen auf und markiere die Vorsilben vor- und ver- farbig.

3. Teile den Text in Sinnschritte ein und schreibe ihn ab.

Du kannst ihn auch mit einem Partner als Würfeldiktat schreiben:
Gespielt wird abwechselnd mit zwei Würfeln. Versucht die Sätze in der richtigen Reihenfolge zu erwürfeln (1, 2, 3,...) und aufzuschreiben. Ihr könnt die Würfelaugen auch zusammenzählen. Wer hat zuerst den ganzen Text aufgeschrieben?

4. Kontrolliert eure Texte gegenseitig.

6. Strategie Ableiten

Der Weltkindertag – Träume für Kinder (KV 21)

Lernchancen:
- Finden von Wörtern mit ä / äu in einem Sachtext
- Erkennen der Ableitung von a / au zu ä / äu
- Zusammenstellen von Wörtern gleicher Wortfamilie
- Suchen weiterer Beispielwörter

Differenzierung:
Schwächeren Schülern können die in Aufgabe 2 gesuchten Wörter als Wortkarten oder verdeckt an einer Seitentafel angeboten werden:
Traum, klar, Stadt, Land, Jahr, außen.
Als Zusatzaufgabe werden die Wortfamilien aus Aufgabe 3 aufgeschrieben und ergänzt.

So ein Durcheinander! (KV 22)

Lernchancen:
- Anwenden von Ableitungsstrategien
- Aufschreiben der jeweiligen Wortpaare
- Markieren von ä / a, äu / au als Merkhilfe

Spielidee: Wörterball
Reihum wird den Schülern ein Softball zugeworfen und ein Wort mit ä / äu genannt. Beim Zurückwerfen muss ein passendes Ableitungswort gefunden werden. Schwieriger wird es natürlich, wenn sogenannte „Faule Eier", Wörter, die mit e / eu geschrieben werden, dazu kommen. In diesem Fall muss der Schüler „faules Ei!" rufen. Die Spielvariante, bei der die Kinder ausscheiden, wenn sie einen Fehler gemacht haben, ist zu vermeiden. Gerade schwächere Schüler spielen (und denken) dann sehr schnell nicht mehr mit und verlieren so wichtige Übungszeit. Besser ist, wenn die Klasse versucht, ihre eigenen Rekorde zu schlagen: Wie viele richtige Antworten schaffen wir heute in Reihe? Dabei ist auch möglich, bei falscher Antwort einen Joker, das heißt ein anderes Kind die richtige Lösung sagen zu lassen.

Lückendiktat (KV 23 a und b)
Beim vorliegenden Übungstext müssen die Schüler zunächst bei 12 (16) Lückenwörtern entscheiden, ob sie mit e / eu oder ä / äu geschrieben werden. Nachdem sie ihre Schreibweisen mit dem Wörterbuch kontrolliert und den Text in Sinnschritte eingeteilt haben, wird er abgeschrieben oder als Stoppdiktat mit einem Partner geübt. Dabei liest der eine vor und kontrolliert dabei, was sein Partner schreibt. Bemerkt der Schüler einen Fehler, sagt er „stopp". Nur wenn der Schreiber seinen Fehler nicht selbst erkennt, darf geholfen werden. Anschließend werden die Rollen getauscht.

Differenzierung:
KV 23a: kürzerer Text (76 Wörter) mit einfacheren und weniger Sätzen (7).
KV 23b: längerer Text (96 Wörter) mit schwierigeren und mehr Sätzen (8).
Zur Selbstkontrolle kann folgender Volltext (in Klammern die Langversion) angeboten werden.

Liebe Nesrin,
heute war internationales Kinderfest. Es gab jede Menge Stände mit Spielen, ein Fußballturnier und eine Kinderolympiade. Ich war eine der ersten Läuferinnen im Ziel. Auf der Bühne am Brandenburger Tor haben viele Gruppen aus verschiedenen Ländern Tänze aufgeführt. Nachmittags haben wir Bäume gepflanzt und eine Diskussion besucht. Da habe ich erklärt, warum ich die Verständigung zwischen den Menschen auf der ganzen Welt so wichtig finde. Ich freue mich schon auf nächstes Jahr.
Deine Elisa

Liebe Nesrin,
heute war internationales Kinderfest. Es gab jede Menge Stände mit Spielen, ein Fußballturnier und eine Kinderolympiade. Ich war eine der ersten Läuferinnen im Ziel. Auf der Bühne am Brandenburger Tor haben unendlich viele Gruppen aus verschiedenen Ländern Tänze aufgeführt. Es waren so viele Leute da! Nachmittags haben wir Bäume gepflanzt und eine Diskussion besucht, bei der jeder seine Meinung äußern durfte. Da habe ich erklärt, warum ich die Verständigung zwischen den Menschen auf der ganzen Welt so wichtig finde. Ich war ganz schön aufgeregt und freue mich schon auf nächstes Jahr.
Deine Elisa

Materialien zum Thema Kindertag

- 1. Juni, Internationaler Kindertag Deutschland, www.kindertag.net/
- September, Weltkindertag Deutschland www.weltkindertag.de
- 23. April, Internationales Kinderfest Berlin www.23nisankinderfest.de

Name: Datum:

Der Weltkindertag – Träume für Kinder

In mehr als 150 Ländern wird der Weltkindertag gefeiert. Bereits im Jahr 1925 wurde in Genf der internationale Kindertag beschlossen. Ein Tag im Jahr sollte nur den Kindern gehören und auf ihre Kinderrechte hinweisen. Der Weltkindertag wird an unterschiedlichen Tagen in den Städten der Welt gefeiert. In Deutschland und Österreich wurde der 20. September als Weltkindertag gewählt. Das türkische Kinderfest dagegen findet jährlich am 23. April statt und ist sogar ein Nationalfeiertag. Alle Kinder feiern, führen Tänze auf und äußern ihre Meinung.

1. Lies den Text und unterstreiche alle Wörter mit ä / äu.

2. Kannst du die Schreibweise mit ä / äu begründen? Schreibe so und markiere:

   Träume kommt von Traum, ____________________

   ____

   ____

3. Male die Wörter, die zur gleichen Familie gehören, in der gleichen Farbe an.

   Kreise a / ä und au / äu ein.

nass, Hände, Ernährung, Gefahr, verkaufen, Gefahr, fährt, Fahrt, Haus, Hand, Verkäufer, Wäsche, gefährdet, Nässe, Länder, Arzt, Linkshänder, Nahrung, gefährlich, waschen, gefährden, käuflich, ländlich, fahren, Häuser, häuslich, Land, gefährlich, Ärzte

4. Schreibe die Wortfamilien auf. Findest du noch mehr passende Wörter?

Name: Datum:

So ein Durcheinander!

Welcher Ausgang führt zur richtigen Schreibweise?
Zeichne die Wege mit drei verschiedenen Farben ein.
Schreibe die Wortpaare richtig auf und markiere ä/a und äu/au.

Gl ser

lter

w hlen

k lter

rmer

Ern hrung

F ste

s bern

schw cher

f hrt

l nger

M nner

rzte

Kr ter

S gling

Gläser – Glas

Name: Datum:

Liebe Nesrin,

h___te war internationales Kinderfest. Es gab jede M___nge St___nde mit Spielen, ein Fußballturnier und eine Kinderolympiade. Ich war eine der ersten L___ferinnen im Ziel. Auf der Bühne am Brandenburger Tor haben Gruppen aus vielen L___ndern T___nze aufgeführt. Nachmittags haben wir B___me gepflanzt und eine Diskussion besucht. Da habe ich erkl___rt, warum ich die Verst___ndigung zwischen den M___nschen auf der ganzen W___lt so wichtig finde. Ich fr___e mich schon auf nächstes Jahr.

Deine Elisa (76 Wörter)

1. Entscheide: e oder ä – eu oder äu?
   Denke an die Regeln zum Ableiten und fülle die Lücken.

2. Kontrolliere mit dem Wörterbuch.
3. Markiere weitere schwierige Stellen.
4. Teile den Brief in Sinnschritte ein.
5. Schreibe den Text richtig ab.
   Du kannst ihn auch mit einem Partner als Stoppdiktat schreiben.

Einer diktiert und der andere schreibt.

Bemerkt dein Partner einen Fehler, sagt er: „Stopp“.

Nur wenn du den Fehler selbst nicht findest, darf er helfen.

Name: Datum:

Liebe Nesrin,

h_te war internationales Kinderfest. Es gab jede M_nge St_nde mit Spielen, ein Fußballturnier und eine Kinderolympiade. Ich war eine der _rsten L_ferinnen im Ziel. Auf der Bühne am Brandenburger Tor haben un_ndlich viele Gruppen aus verschiedenen L_ndern T_nze aufgeführt. Es waren so viele L_te da! Nachmittags haben wir B_me gepflanzt und eine Diskussion besucht, bei der jeder seine Meinung _ßern durfte. Da habe ich erkl_rt, warum ich die Verst_ndigung zwischen den M_nschen auf der ganzen Welt so wichtig finde. Ich war ganz schön aufgeregt und fr_e mich schon auf nächstes Jahr. Deine Elisa (96 Wörter)

1. Entscheide: e oder ä – eu oder äu?
   Denke an die Regeln zum Ableiten und fülle die Lücken.

2. Kontrolliere mit dem Wörterbuch.
3. Markiere weitere schwierige Stellen.
4. Teile den Brief in Sinnschritte ein.
5. Schreibe den Text richtig ab.
   Du kannst ihn auch mit einem Partner als Stoppdiktat schreiben.

Einer diktiert und der andere schreibt.

Bemerkt dein Partner einen Fehler, sagt er: „Stopp“.

Nur wenn du den Fehler selbst nicht findest, darf er helfen.

7. Strategie Verlängern

Einstiegsidee:
Die Schüler werden aufgefordert, einen möglichst besonderen Ball in die Schule mitzubringen. Die Bälle werden dann beschrieben, Spielmöglichkeiten erklärt und ausprobiert. Dabei wird wichtige Spracharbeit geleistet, Vokabular erweitert und Ausdrucksfähigkeit geschult. Anschließend kann man über heute bekannte Ballsportarten sprechen und Vermutungen über deren Geschichte anstellen. Spannende Frage: Was sind die ältesten Sportarten der Welt? (Bogenschießen, Speerwurf, Laufen, Schwimmen, Ringen).

Ballspiele rund um die Welt (KV 24)

Lernchancen:
- Erkennen von Wörtern mit Auslautverhärtung in einem Sachtext
- Markieren der Auslaute b / d / g
- Zuordnung der passenden Regel zu den Wortarten
- Verlängern der Wörter aus dem Text

Differenzierung:
Zur Unterstützung schwächerer Schüler kann man die Einteilung der Wörter mit Auslautverhärtung aus dem Text in Wortarten gemeinsam erledigen und jeweils ein Beispiel zur Verlängerung vorgeben. Dies erleichtert das in Aufgabe 3 geforderte Verlängern mit der entsprechenden Strategie.

Wörtergolf (KV 25)

Lernchancen:
- Unterscheidung zwischen Nomen mit den Endlauten b / d / g und p / t / k
- Begründung durch Mehrzahlbildung
- Übungseffekt durch Aufschreiben

Spielidee:
Die Mitspieler rücken gemäß der gewürfelten Augenzahl ein Papierkügelchen oder einen sonstigen Spielstein auf dem Spielfeld vorwärts. Auf jedem Feld ist ein Begriff gezeichnet, den es richtig zu verschriften gilt. Durch die geforderte mündliche Begründung wird den Schülern die verwendete Lösungsstrategie bewusst. Da ein Fehler zum Aussetzen führt, müssen alle Mitspieler aufpassen und mitdenken, auch wenn sie nicht am Zuge sind. Wer zuerst das Ziel erreicht, hat gewonnen.

Auf zur Verlängerung! (KV 26)

Lernchancen:
- Unterscheiden von Verben und Adjektiven und der jeweils passenden Verlängerunsstrategie
- Verlängerung von Verben durch die Grundform
- Verlängerung von Adjektiven durch Bilden der 1. Vergleichsstufe
- Übungseffekt durch Aufschreiben

Differenzierung:
Leistungsstärkere Schüler schreiben zu den Adjektiven auch die 2. Vergleichsstufe und zu den Verben die einfache Vergangenheitsform auf.

Diktatrolle (KV 27)

Die Diktatrolle besteht aus vier Einzelteilen, auf denen sich verschiedene Satzteile befinden. Die Teile A, B, C und D müssen zunächst ausgeschnitten und an den Klebelaschen zu einer Rolle (Teil A) bzw. zu Ringen (Teile B, C und D) zusammengefügt werden. Schiebt man dann die Teile B, C und D über die Rolle, kann man durch Verdrehen der Einzelteile unterschiedliche Sätze entstehen lassen. Bevor man jedoch anfängt zu basteln, sollten die Wörter mit b / d / g am Wortende farbig markiert werden. Es empfiehlt sich auch, etwas festeres Papier zu verwenden.

Differenzierung:
Die Diktatrolle wird hier nur in einer Version für alle Schüler angeboten. Die Differenzierung ergibt sich aus der Anzahl der vom einzelnen Schüler gebildeten und geschriebenen Sätze. Bei 12 Sätzen erreicht man etwa 80 Wörter.
Nicht bei allen Drehkombinationen ergeben sich wirklich sinnvolle Sätze. Daher ist es ratsam, sprachlich schwächere Schüler beratend zu unterstützen.
Kontrolle und Verbesserung können die Schüler selbstständig oder in Partnerarbeit erledigen. Wichtig ist dabei jedoch, dass Markierungen vom Partner nur in einer respektvollen Art und mit Bleistift gemacht werden sollten.
Schreiben die Schüler ihre Sätze am Computer, kann man gemeinsam die lustigsten auswählen, ausdrucken und in der Klasse aufhängen.

Materialien zum Thema Ballspiele

- Über 50 verschiedene Ballspiele und Ideen rund um den Ball finden sich bei: www.labbe.de/zzzebra und www.labbe.de/spielotti

Name: Datum:

Ballspiele rund um die Welt

Chinlone – Birma

Bei diesem Spiel **wird** ein aus Rattan **gewebter** Ball mit Füßen und Knien hin und her gespielt. Ziel ist es, den Ball möglichst **lang** in der Luft zu halten.

Fives – Großbritannien

Die Spieler schlagen im Wechsel einen Korkball mit der **Hand** gegen eine **Wand**. Dabei ist immer nur eine **Berührung** des Balles mit dem Boden **erlaubt**.

Ulama – Mittelamerika

Ein 3000 Jahre altes Spiel, bei dem ein Kautschukball nur mit der Hüfte, den Oberschenkeln oder den Ellenbogen durch einen **Ring** am **Rand** des **Spielfelds** befördert werden muss. Es **siegt** die Mannschaft, der das am **häufigsten gelingt**.

1. In den unterstrichenen Wörtern sind b/d/g am Wortende schwer zu hören. Markiere farbig.

2. Durch Verlängern kannst du b/d/g hörbar machen. Wie müssen die Regeln lauten?
   Verbinde oder färbe in der gleichen Farbe, was zusammengehört.

Möchte ich Nomen verlängern, bilde ich	mit der Grundform.
Verben verlängere ich	die 1. Vergleichsstufe.
Bei Adjektiven suche ich	die Mehrzahl.

3. Verlängere die Wörter und schreibe so auf: *rund – runder*

Name: Datum:

Jeder Mitspieler rollt sich eine kleine Golfkugel aus verschieden farbigem Papier. Würfelt reihum und schiebt euren Ball entsprechend der Augenzahl über den Golfplatz. Den Begriff, auf dem euer Ball landet, schreibt ihr richtig auf und begründet die Schreibweise. Macht ein Mitspieler einen Fehler, muss er einmal aussetzen.
Wer bringt seinen Golfball zuerst ins Ziel?

Name: Datum:

Auf zur Verlängerung!

In welches Tor müssen die Bälle? Markiere farbig und schreibe die Wörter mit Verlängerung ins richtige Tor.

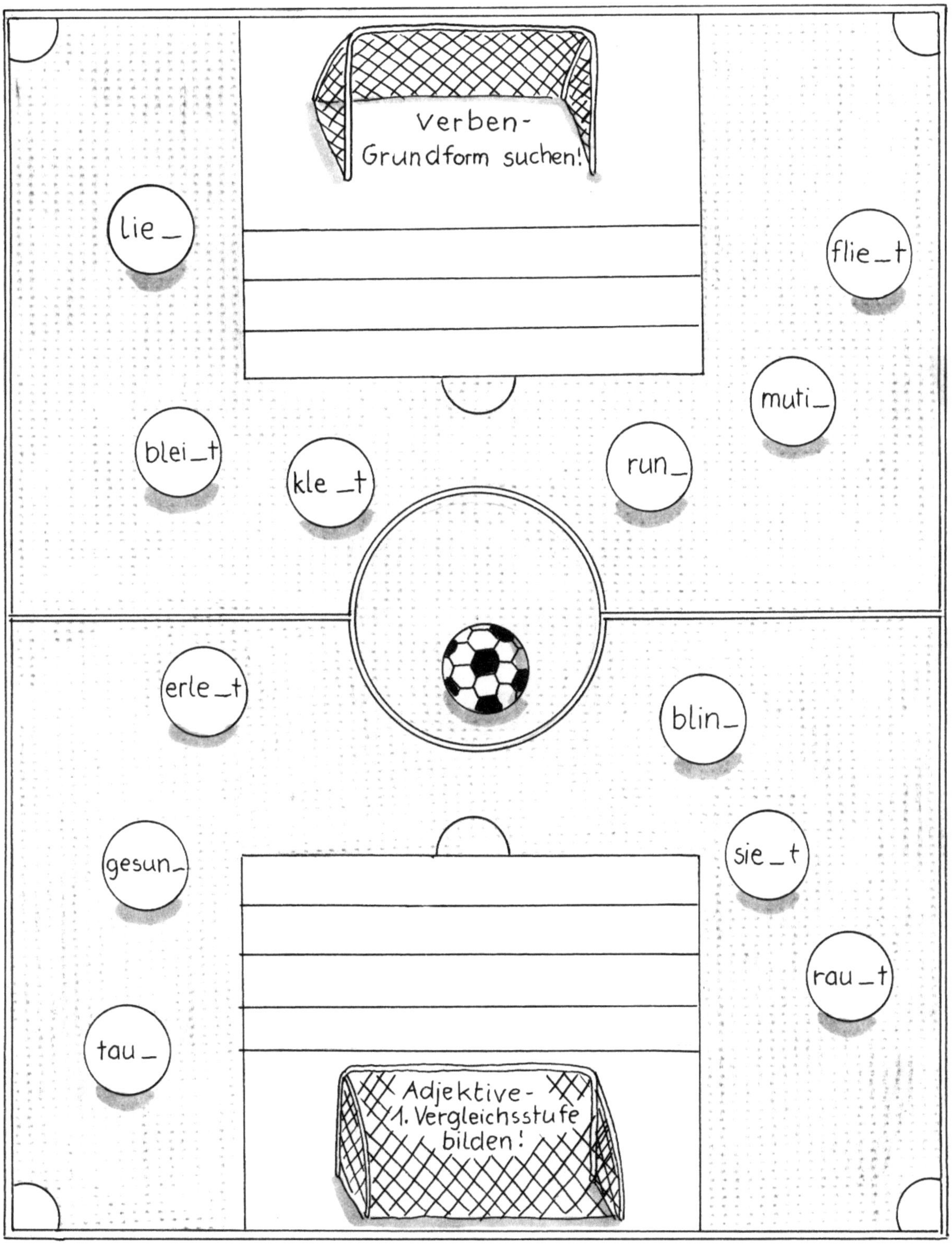

Schreibe zu den Adjektiven die 2. Vergleichsstufe und zu den Verben die einfache Vergangenheit auf.

Diktatrolle – eine runde Sache!

A	B	C	D
Der Ball			
Die Trainerin			
Die Sanitäterin			
Die Abwehrspielerin			
Der Torwart			
Der Zuschauer			
Der Stürmer			
Der Stadionsprecher			
Der Schiedsrichter			
Teil A	Klebelasche		

Teil B	Teil C	Teil D
zeigt	lustig	im Tor.
singt	lang	am Rand.
bleibt	rund	über das Feld.
klebt	kräftig	im Sand.
hängt	häufig	auf der Ersatz-bank.
jagt	vorsichtig	unter dem Korb.
lobt	wichtig	mit einem Freund.
schlägt	dreckig	auf der Tribüne.
liegt	wild	mit der Hand.

1. Lies die Wortkarten genau und markiere b/d/p am Wortende farbig.
2. Schneide die Diktatrolle und die Wortstreifen entlang der gekennzeichneten Linien aus, klebe alle Teile an den Klebelaschen zusammen und schiebe Teil B, C und D so auf die Diktatrolle, dass du sie drehen kannst.
3. Bilde durch Drehen mindestens 12 verschiedene sinnvolle Sätze und schreibe sie auf. Du kannst auch am Computer arbeiten.
4. Kontrolliere und verbessere.

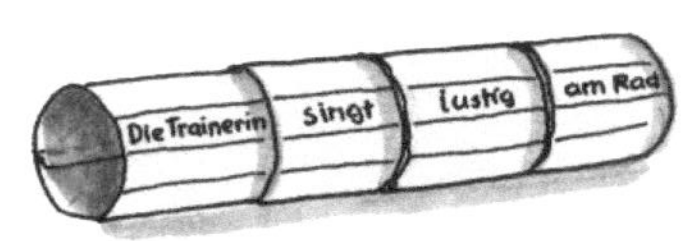

8. Wörter mit Dehnungs-h

Höhlenkenner erzählen (KV 28)

Lernchancen:
- Finden und Markieren von Wörtern mit Dehnungs-h im Sachtext
- Zuordnen passender Regeln (Dehnungs-h kann man nicht hören, es dehnt den vorangehenden Selbstlaut oder Umlaut, Wörter mit Dehnungs-h sind Merkwörter)
- Aufschreiben der Wörter aus dem Text
- Finden weiterer Beispielwörter

Differenzierung:
Leistungsstarke Schüler können die Wörter mit Dehnungs-h aus dem Text nach Wortarten sortiert aufschreiben.
Die in der Zusatzaufgabe gefundenen Wörter können auf Klassenplakaten getrennt nach Wortart gesammelt werden.

Achtung Fehlergefahr! (KV 29)

Lernchancen:
- Unterscheiden von kurzem und langem i bei in/ihn, im/ihm…
- Sinngemäßes Einsetzen in einen Lückentext
- Zusammenfügen von Verben aus Silben
- Herauslösen von Wörtern mit Dehnungs-h aus einer Wörterschlange
- Aufschreibung unter Berücksichtigung von Groß- und Kleinschreibung gemäß Wortart

Differenzierung:
Bevor Aufgabe 1 sicher bearbeitet werden kann, ist es ratsam, den semantischen und akustischen Unterschied zwischen in/ihn, im/ihm, innen/ihnen, irr/ihr…zu klären. Auch bietet sich hier die Möglichkeit nochmals auf die Großschreibung der Höflichkeitspronomen einzugehen.
Die Zusatzaufgabe regt an, zu den Verben auf den Stufen jeweils einen Satz zu schreiben. Besonders schreibbegabte Schüler könnten versuchen, ein kleines Höhlenabenteuer aufzuschreiben. Vielleicht gelingt es dem einen oder anderen sogar noch einige Adjektive mit Dehnungs-h einzubauen.

Dosendiktat (KV 30 a und b)

Der Übungstext ist in zehn bzw. elf Satzstreifen gegliedert, die zunächst ausgeschnitten werden müssen. Statt einer Dose, kann natürlich auch ein anderes Behältnis für die Satzstreifen verwendet werden. Wichtig ist nur, dass die Streifen komplett darin verschwinden, d.h. für den Schüler nicht mehr sichtbar sind. Sinnvoll ist es, einige Kopien komplett als Vorlage zur Kontrolle durch die Schüler bereitzustellen (evt. laminiert).

Lernchancen:
- Bewusstmachen von Merkstellen durch Markieren (hier Dehnungs-h)
- Konzentriertes Lesen der Satzstreifen
- Training des Merkvermögens
- Rituale: Kontrolle und Vergleich mit Vorlage

Differenzierung:
KV 30a: kürzerer Text (85 Wörter) mit einfacheren und weniger Sätzen (10).
KV 30b: längerer Text (105 Wörter) mit schwierigeren und mehr Sätzen (11).

Übungsvarianten:

„Wanderdiktat“
Die Satzstreifen des Dosendiktats können auch für ein „Wanderdiktat“ verwendet werden. Hierzu legt man die Streifen an verschiedenen Stellen im Schulhaus (nur auf einer Etage) aus. Die Schüler wandern mit ihren Schreibblöcken von Station zu Station, lesen die Satzstreifen, laufen ein Stück weiter und schreiben dann den jeweiligen Satz auf. Kontrolliert wird mit der Vorlage im Klassenzimmer.

„Kletterdiktat“
Kollegen, die es gerne etwas aktiver haben, können es einmal mit einem „Kletterdiktat“ in der Turnhalle versuchen. Hierbei hat jedes Kind seinen festen Schreibplatz in der Halle. Die Satzstreifen sind an erhöhten Stellen platziert oder angebracht (Sprossenwand, Taue, auf Kästen, …) und müssen erklettert werden. Grundsätzlich gilt bei beiden Varianten, dass nur Flüstern erlaubt ist.

Material zum Thema Höhlen

- Liste der Schauhöhlen in Deutschland: www.tropfsteinhoehlen.de/
- Liste aller Schauhöhlen Deutschlands mit Datenblatt (Länge, Breite, Tiefe, Entdeckungsjahr, Besuchzahlen): www.wikipedia.de > Schauhöhlen
- Informationen für Kinder: www.geo.de/GEOlino/natur >Tropfsteinhöhlen

Name: Datum:

Höhlenkenner erzählen

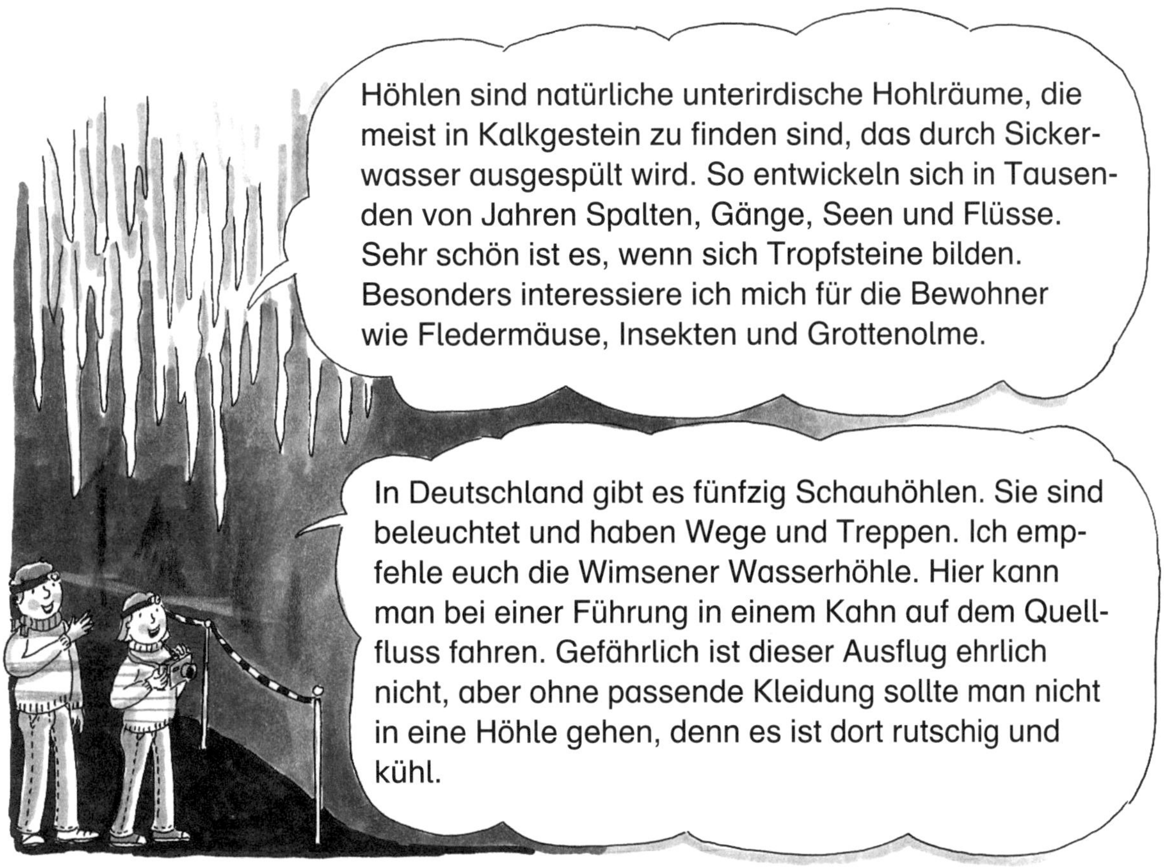

1. Lies genau, was die beiden erzählen. Unterstreiche alle Wörter mit stummem h und male so farbig an: Höhlenkenner

2. Sprich die Wörter deutlich. Welche Aussagen passen? Überlege und kreuze an.

   - [ ] Das h in diesen Wörtern kann man durch Verlängern hörbar machen.
   - [ ] Das h in diesen Wörtern kann man nicht hören.
   - [ ] Das h folgt immer auf einen kurzen Selbstlaut oder Umlaut.
   - [ ] Diese Wörter sind Merkwörter. Ich muss sie gut üben.
   - [ ] Das h in diesen Wörtern dehnt den vorhergehenden Selbstlaut oder Umlaut.

3. Schreibe die Wörter auf und markiere die Merkstelle.

4. Finde weitere Wörter mit Dehnungs-h. Schreibe auf und markiere.

Name: Datum:

Achtung Fehlergefahr!

1. Klingt das i kurz oder lang? Sprich deutlich und setze die fehlenden Wörter ein.

2. Setze die Silben auf der Treppe zusammen und schreibe die Verben auf.

____

____

3. Erkennst du alle Wörter im Halteseil? Schreibe auf und markiere die Merkstelle. Achte auf Groß- und Kleinschreibung.

____

____

4. Schreibe zu jedem der Verben auf den Stufen einen Satz.

Name: Datum:

Höhlenausflug

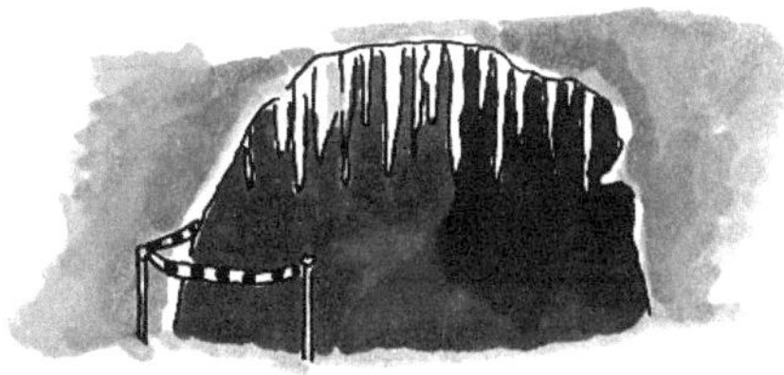

Dieses Jahr besichtigte die 3. Klasse eine Tropfsteinhöhle.

Für die Anreise fuhr sie mit der Bahn.

Nach dem Eingang ging es gefährlich steil nach unten.

Ihr Führer ermahnte sie vorsichtig zu sein.

Alle hielten sich an den Stahlseilen fest.

Nach ungefähr zehn Minuten kamen sie in einen großen Raum.

Manche Tropfsteine sahen aus wie riesige Zähne.

Andere konnte man in der Dunkelheit nur erahnen.

Am Ende waren die meisten froh wieder oben zu sein.

Zur Belohnung zahlten die Lehrer Eis mit Sahne für alle.

(85 Wörter)

1. Lies den Text genau durch und markiere die Wörter mit Dehnungs-h.
2. Schneide die Satzstreifen aus und lege sie geordnet aus.
3. Lies einen Streifen, merke dir die schwierigen Stellen und stecke ihn in die Dose.
4. Schreibe den Satz auf und kontrolliere genau.
5. Nimm jetzt den nächsten Streifen.
6. Wenn du alle Sätze geschrieben hast, vergleiche mit der Vorlage und verbessere.

Name:	Datum:

Höhlenausflug

Dieses Jahr besichtigte die 3. Klasse eine Tropfsteinhöhle.
Für die Anreise wählte sie eine Fahrt mit der Bahn.
Gleich nach dem Eingang ging es gefährlich steil nach unten.
Ihr Führer ermahnte sie vorsichtig zu sein.
Alle hielten sich gut an den Stahlseilen fest.
Nach ungefähr zehn Minuten kamen sie in einen großen Raum.
Dort war es sehr kühl und man hatte das Gefühl, die Zeit sei stehen geblieben.
Manche Tropfsteine sahen aus wie riesige Zähne.
Andere konnte man in der Dunkelheit nur erahnen.
Am Ende waren die meisten ehrlich froh wieder oben zu sein.
Zur Belohnung zahlten die Lehrer Eis mit Sahne für alle.

(85 Wörter)

1. Lies den Text genau durch und markiere die Wörter mit Dehnungs-h.
2. Schneide die Satzstreifen aus und lege sie geordnet aus.
3. Lies einen Streifen, merke dir die schwierigen Stellen und stecke ihn in die Dose.
4. Schreibe den Satz auf und kontrolliere genau.
5. Nimm jetzt den nächsten Streifen.
6. Wenn du alle Sätze geschrieben hast, vergleiche mit der Vorlage und verbessere.

9. Wörter mit ß / ss

Naturrekorde (KV 31)

Lernchancen:
- Finden und Unterstreichen von Wörtern mit ß / ss in einem Sachtext
- Abhören und Differenzieren der vorangehenden Laute nach ihrer Länge
- Bilden der einfachen Vergangenheit zu Verben mit ß / ss

Als vorbereitende Übung zu Aufgabe 2 sollte man die Vorkenntnisse der Schüler zur Mitlautverdoppelung in Erinnerung rufen und einige Beispiele an der Tafel notieren. Durch gemeinsames Abhören der Wörter kann schnell die Regel wiederholt werden: „Vor doppeltem Mitlaut klingt der Selbst- oder Umlaut kurz."

Differenzierung:
Die Zusatzaufgabe fordert von den Schülern die einfache Vergangenheit zu den Verben mit ß / ss zu bilden. Mögliche Erkenntnisse wären:
- Aus ß wird ss:
  schießen – schoss, reißen – riss,
  übergießen – übergoss
- Aus ss wird ß:
  fressen – fraß, messen – maß
- Ohne Änderung:
  müssen – muss
- Nur genaues Abhören hilft.
- Wörter aus der Wortfamilie können irreführen.

Rekordverdächtig (KV 32)

Lernchancen:
- Finden und Sammeln von Wörtern mit ß / ss
- Übung durch Aufschreiben
- Kontrolle mit dem Wörterbuch
- Suche nach Reimwörtern mit ß / ss
- Bilden von Reimsätzen
- Notieren möglichst vieler Wörter mit ß / ss aus der selben Wortfamilie

Zur Vorbereitung der Spiele dieser KV ist es sinnvoll, eine Sammlung verschiedenster Wörter mit ß / ss (z. B. auf Plakaten) sichtbar im Klassenzimmer zu haben. Um das Finden von Reimwörtern zu unterstützen kann man ein kleines „Aufwärmspiel" machen. Die Klasse wird in zwei oder drei Gruppen aufgeteilt. Die Lehrkraft zeigt Wortkarten, zu denen ein Reimwort gefunden werden muss. Die Gruppe, die zuerst ein passendes Reimwort ruft, erhält einen Punkt.

Beispielwörter:
Tasse, Fluss, lassen, essen, müssen, Maß, Gruß, fließen, weiß, ...

Differenzierung:
Für die auf der KV angebotenen Spiele empfiehlt es sich, leistungshomogene Gruppen zu bilden oder gemischte Gruppen gegeneinander antreten zu lassen.

Lückendiktat (KV 33 a und b)

Beim vorliegenden Übungstext müssen die Schüler zunächst bei 14 bzw.15 Lückenwörtern entscheiden, ob sie mit ß oder ss geschrieben werden. Nachdem sie ihre Schreibweisen mit dem Wörterbuch kontrolliert, weitere Merkstellen markiert und den Text in Sinnschritte eingeteilt haben, wird er abgeschrieben.

Übungsvariante Lupendiktat:
Hierzu muss zunächst die Lupe mit dem Lesefenster ausgeschnitten werden. Hat man das Arbeitsblatt auf etwas festerem Papier kopiert, ist die Lupe etwas länger verwendbar. Zum Üben zieht der Schüler die Lupe Stück für Stück über den Text und schreibt jeweils die Passage auf, die im Sichtfenster erscheint. Die Lupe kann man auch sehr gut zur Kontrolle verwenden, da durch das Sichtfenster das Augenmerk stärker auf das einzelne Wort gelegt wird, als das beim Lesen eines ganzen Textes gelingt.

Differenzierung:
KV 33a: kürzerer Text (89 Wörter) mit einfacheren und weniger Sätzen (7).
KV 33b: längerer Text (109 Wörter) mit schwierigeren und mehr Sätzen (9).
Zur Selbstkontrolle kann folgender Volltext (in Klammern die Langversion) angeboten werden.

Großartige Natur
(Unser Planet hat äußerst beeindruckende Dinge zu bieten.) Der größte Wasserfall der Erde (ist in Venezuela und) ergießt sich fast einen Kilometer senkrecht in die Tiefe. Am Fuß der Felswand sammelt er sich zu einem reißenden Fluss. (An vielen Stellen der Welt gibt es heiße Quellen.) Heiße Quellen (Sie) fließen oder schießen mit einer Temperatur bis zu 100 Grad aus dem Boden. In Japan gibt es Affen, die im Winter gerne so ein warmes Bad genießen. Einer der aktivsten Vulkane der Welt ist der Ätna. Da er Risse in seinem Schlot hat, sieht man ständig eine weiße Dampffahne aufsteigen. Wann er wieder ausbrechen wird, kann man nie genau wissen.

Name: Datum:

Naturrekorde

Das größte Lebewesen der Welt...

... ist ein Pilz. Sein Name ist Hallimasch. Die essbaren Teile, die wir sehen können, sind nur seine Früchte. Der Pilz selbst ist ein riesiges unterirdisches Geflecht. In den USA haben Wissenschaftler einen Hallimasch in der Größe von über tausend Fußballfeldern gefunden.

Der rasanteste Jäger in der Luft...

... ist der Wanderfalke. Hat er einen Beutevogel entdeckt, legt er seine Flügel an und schießt mit bis zu 340 Stundenkilometern in die Tiefe. Meist stirbt seine Beute allein durch den Zusammenstoß. Oder der Falke tötet sie durch einen Biss ins Genick.

Das schnellste Landtier...

... ist der Gepard. Er kann äußerst schnell bis auf 110 Stundenkilometer beschleunigen und so sein Opfer im Lauf von den Beinen reißen. Bevor er fressen kann, muss er sich jedoch erst von der Verfolgungsjagd erholen.

Eines der giftigsten Tiere ...

... ist die Würfelqualle, die in tropischen und subtropischen Küstengewässern vorkommt. Ihre Tentakeln messen mehrere Meter. Darauf sitzen unzählige Nesselzellen, deren Gift einen Menschen töten kann. Als erste Maßnahme bei einem Kontakt mit Quallen sollte man betroffene Hautstellen mit Essig übergießen.

1. Lies die Texte genau und unterstreiche alle Wörter mit ß und ss.
2. Sprich die Wörter deutlich. Wie klingen der Selbstlaut / Umlaut / Doppellaut vor ß und ss? Kennzeichne so: kurz: ọ lang: o̲
3. Bilde zu den Verben die einfache Vergangenheit.
   Was fällt dir auf?

Name: Datum:

Rekordverdächtig

Schneidet das Würfelgitter aus und klebt es zu einem Würfel zusammen.

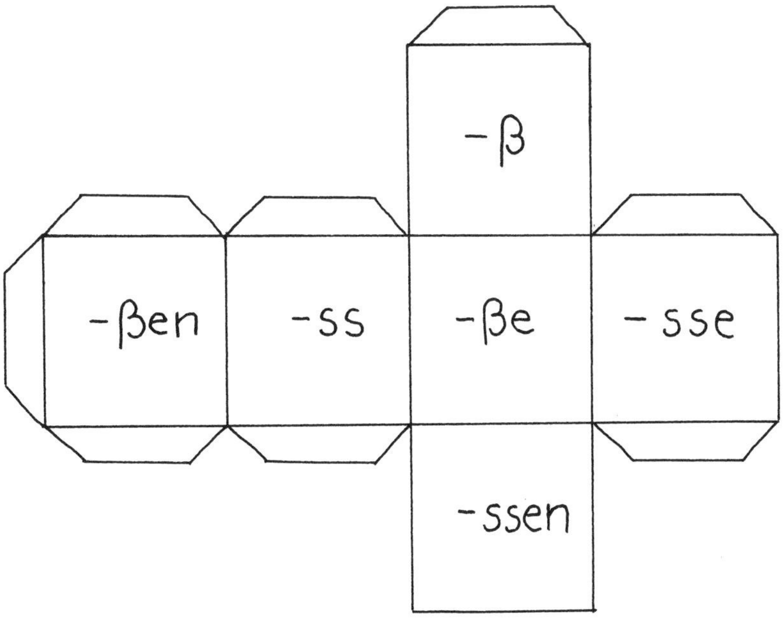

Spiel 1:
Würfelt reihum und schreibt zu den Endungen so viele Wörter wie möglich auf. Kontrolliert mit dem Wörterbuch. Jedes richtige Wort ergibt einen Punkt.
Wer stellt den Rekord auf?

Spiel 2:
Würfelt reihum und versucht so schnell wie möglich zwei Reimwörter zu finden, die ihr in einem Satz unterbringt. Wer zuerst einen Reimsatz gefunden und aufgeschrieben hat, ruft „Stopp!". Ist der Satz richtig geschrieben, gibt es einen Punkt.

Spiel 3:
Würfelt reihum und schreibt zu einem Wort mit der gewürfelten Endung so viele Wörter wie möglich aus der gleichen Wortfamilie auf. Kontrolliert mit dem Wörterbuch. Jedes richtige Wort bekommt einen Punkt. Ihr könnt auch in Gruppen gegeneinander spielen.

Name: Datum:

Gro_artige Natur

Der grö_te Wa_erfall der Erde ergie_t sich fast einen Kilometer senkrecht in die Tiefe. Am Fu_ der Felswand sammelt er sich zu einem rei_enden Flu_. Hei_e Quellen flie_en oder schie_en mit einer Temperatur bis zu 100 Grad aus dem Boden. In Japan gibt es Affen, die im Winter gerne so ein warmes Bad genie_en. Einer der aktivsten Vulkane der Welt ist der Ätna. Da er Ri_e in seinem Schlot hat, sieht man ständig eine wei_e Dampffahne aufsteigen. Wann er wieder ausbrechen wird, kann man nie genau wi_en.

(89 Wörter)

1. Entscheide: ß oder ss? Sprich die Wörter deutlich und fülle die Lücken.
2. Kontrolliere mit dem Wörterbuch.
3. Markiere weitere schwierige Stellen.
4. Teile den Text in Sinnschritte ein.
5. Schreibe den Text richtig ab.

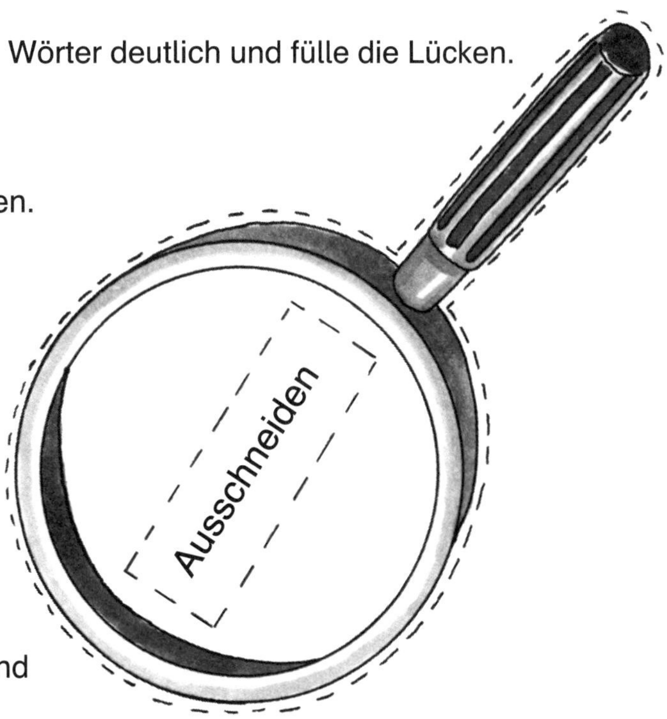

Du kannst den Text auch als Lupendiktat üben. Schneide dazu die Lupe mit dem Sichtfenster aus und ziehe sie Stück für Stück über den Text.

Schreibe die Abschnitte, die im Sichtfenster deiner Lupe erscheinen, nacheinander auf.

Name: Datum:

Gro_artige Natur

Unser Planet hat äu_erst beeindruckende Dinge zu bieten. Der grö_te Wa_erfall der Erde ist in Venezuela und ergie_t sich fast einen Kilometer senkrecht in die Tiefe. Am Fu_ der Felswand sammelt er sich zu einem rei_enden Flu_. An vielen Stellen der Welt gibt es hei_e Quellen. Sie flie_en oder schie_en mit einer Temperatur bis zu 100 Grad aus dem Boden. In Japan gibt es Affen, die im Winter gerne so ein warmes Bad genie_en. Einer der aktivsten Vulkane der Welt ist der Ätna. Da er Ri_e in seinem Schlot hat, sieht man ständig eine wei_e Dampffahne aufsteigen. Wann er wieder ausbrechen wird, kann man nie genau wi_en.

(109 Wörter)

1. Entscheide: ß oder ss? Sprich die Wörter deutlich und fülle die Lücken.
2. Kontrolliere mit dem Wörterbuch.
3. Markiere weitere schwierige Stellen.
4. Teile den Text in Sinnschritte ein.
5. Schreibe den Text richtig ab.

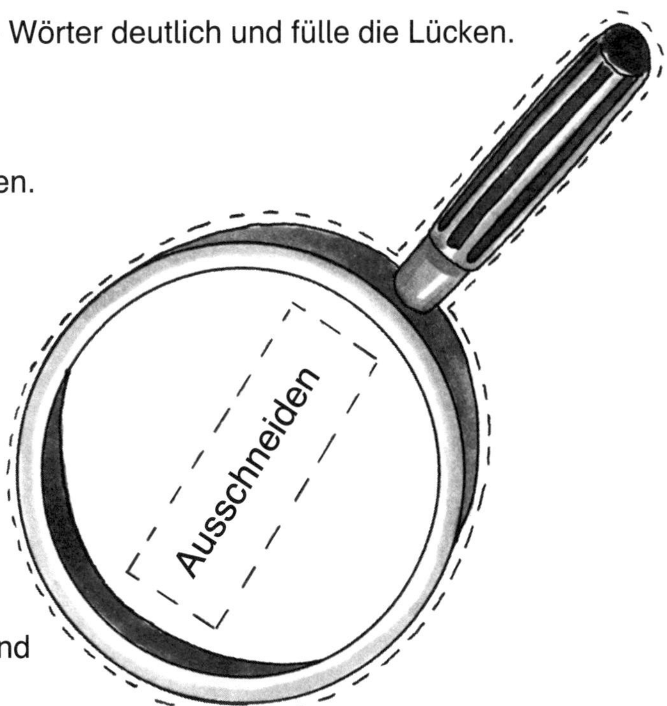

Du kannst den Text auch als Lupendiktat üben. Schneide dazu die Lupe mit dem Sichtfenster aus und ziehe sie Stück für Stück über den Text.

Schreibe die Abschnitte, die im Sichtfenster deiner Lupe erscheinen, nacheinander auf.

10. Wörter mit ck und tz

Einstiegsidee:
Zum Einstieg in das Thema Pfadfinder kann die Lehrkraft die Schüler mit dem Pfadfindergruß „Gut Pfad!“ und dem dazugehörigen Handzeichen begrüßen. Dabei wird der Daumen der rechten Hand über den kleinen Finger gelegt (der Starke schützt den Schwachen) während die drei mittleren Finger ausgestreckt bleiben (Verantwortung gegenüber der Welt, anderen und sich selbst). Zum Gruß wird die linke, von Herzen kommende Hand gereicht.
Das Pfadfinderlied „Flinke Hände, flinke Füße“ eignet sich insofern für die Schule, als es sehr gut das mutmachende Zusammenhelfen aller in einer Gemeinschaft beschreibt.

Pfadfinder entdecken und schützen die Welt (KV 34)

Lernchancen:
- Erkennen und Unterstreichen von Wörtern mit ck und tz im Sachtext
- Abhören des Lautes vor ck und tz
- Erkennen, dass der Laut vor ck und tz immer kurz klingt
- Zuordnen einer passenden Regel:

Nach kurzem Selbstlaut oder Umlaut stehen zwei oder mehr Mitlaute
ck und tz als Sonderformen von kk und zz,
was es nur bei Fremdwörtern gibt
- Aufschreiben der Wörter aus dem Text mit jeweils einem weiteren Wort aus der Wortfamilie

Differenzierung:
Schwächere Schüler sollten zur Suche nach Wörtern aus den passenden Wortfamilien ein Wörterbuch verwenden. Denkbar ist auch eine Partnerarbeit mit einem leistungsstärkeren Schüler.

Aufgeweckte Zeltplatznutzer (KV 35)

Lernchancen:
- Schreiben von Adjektiven mit ck und tz
- Silbentrennung von Wörtern mit ck und tz
- Erkenntnis, dass ck nicht und tz getrennt wird
- Abhören des vorangehenden Selbst- oder Umlauts in Wörtern mit /k/-Laut und /z/-Laut
- Ergänzen von Lückenwörtern mit k/ck und z/tz
- Schreiben von Zeltlagersätzen zu selbstgewählten Wörtern mit ck und tz

Differenzierung:
Schreibstarke Schüler können bei der Zusatzaufgabe versuchen eine kleine Geschichte aus möglichst vielen Wörtern mit ck und tz zu schreiben. Denkbar wäre auch, hierfür in Kleingruppenarbeit die zuvor selbständig auf Satzstreifen geschriebenen Sätze der einzelnen Schüler zu nutzen und zu einem Text zusammen zu führen.

Geheimschriftdiktat (KV 36a und b)

Im Übungstext sind 10 bzw. 12 Wörter in Geheimschrift dargestellt, die mit Hilfe der Lösungstabelle entschlüsselt werden müssen. Folgendes Lösungsblatt kann den Schülern zur Selbstkontrolle angeboten werden (in Klammern – Langversion):
Zeltplatz, Messer, Holz, Hängebrücke, Brot, Frühstück, Töpfe, Lieder, Lagerfeuer, Erste Hilfe, (Wald, Zeitung)
Nachdem der Text durch Abschreiben geübt wurde, wird in Aufgabe 3 angeregt, schwierige Wörter heraus zu suchen und in Geheimschrift aufzuschreiben. Diese Wörter können dann von den Mitschülern entschlüsselt und aufgeschrieben werden.

Differenzierung:
KV 36a: kürzerer Text (89 Wörter) mit einfacheren und weniger Sätzen (8).
KV 36b: längerer Text (111 Wörter) mit schwierigeren und mehr Sätzen (9).

Übungsvariation:
Wortkarten mit Übungswörtern in Geheimschrift werden an verschiedenen Stellen des Schulhauses oder Schulgeländes versteckt, der Weg dorthin mit Pfadfinder Wegzeichen markiert. Die Schüler starten zeitlich versetzt in Kleingruppen (2–4 Schüler), suchen die Wortkarten, entschlüsseln sie und schreiben die Wörter auf.

Materialien zum Thema Pfadfinder

- Einstieg ins Thema – Pfadfinderlied „Flinke Hände, flinke Füße“
  Text: W Poeplau, Melodie: L. Edelkötter
- Bund Deutscher Pfadfinder
  www.pfadfinden.de/
- Deutscher katholischer Pfadfinderbund
  www.dpsg.de/aktivdabei/woelflinge/
- Deutscher evangelischer Pfadfinderverein
  http://www.vcp.de/
- Scoutwiki Netzwerk
  www.scout-o-wiki.de

Name: Datum:

Pfadfinder entdecken und schützen die Welt

Die Pfadfinderbewegung wurde am Anfang des 20. Jahrhunderts von Robert Baden Powell in England gegründet. Bis heute hat sich daraus eine Gemeinschaft von weltweit über vierzig Millionen Mitgliedern entwickelt. Unter dem Motto „Allzeit bereit!" treffen sich Kinder und Jugendliche regelmäßig in ihren Gruppen. Durch Spiele, beim Basteln und Singen und bei Ausflügen in die Natur lernen sie nützliche Techniken, durchleben unerschrocken so manches Abenteuer und setzen sich für die Umwelt ein. Höhepunkte des Jahres sind die Zeltlager und die Fahrten zu großen Pfadfindertreffen, wo dicke Freundschaften geschlossen werden und jeder das Glück spürt, Teil einer großen Gemeinschaft zu sein.

1. Lies den Text genau und unterstreiche alle Wörter mit ck und tz.

2. Sprich die Wörter deutlich. Wie klingt der Selbstlaut oder Umlaut vor ck und tz?

   Kreuze an: ☐ kurz ☐ lang

3. Welche Regel passt hier?

   ☐ Nach langem Selbstlaut oder Umlaut stehen zwei oder mehr Mitlaute.

   ☐ Nach kurzem Selbstlaut oder Umlaut stehen zwei oder mehr Mitlaute.

> Wusstest du, dass die Wörter mit ck und tz eine deutsche Besonderheit sind? Eigentlich müssten sie mit kk und zz geschrieben werden. Das gibt es aber nur bei Fremdwörtern wie z. B. Mokka oder Pizza

4. Finde zu den Wörtern mit ck und tz ein weiteres aus der Wortfamilie.
   Schreibe auf und markiere so: *entdecken – die Entdeckung,*

____

____

____

Name: Datum:

Aufgeweckte Zeltplatznutzer

1. Schreibe das Gegenteil zu den Adjektiven in das 2. Tau und markiere ck und tz.

2. Schreibe die Wörter auf den Holzscheiten in Silben getrennt auf.
Kontrolliere mit dem Wörterbuch. Was fällt dir auf?

____

____

____

3. Was passt hier: k oder ck, z oder tz?
Höre auf den Selbstlaut oder Umlaut davor und setze richtig ein.

4. Wähle Wörter mit ck und tz aus und schreibe mit ihnen Zeltlagersätze.

Name: Datum:

Packt eure Schlafsäcke!

Wie jedes Jahr haben wir für euch einen tollen ✪☺☻✞✳☻∩✞✪ entdeckt. Wir werden zusammen das Lager aufbauen und viele ✡‡✞✪☻↑Δ✹☺ Sachen herstellen. Ihr lernt ⊙Δ✹✡↑✞✪☆☺⊙⊙☺❀ selbst zu ☒☺✞✪☺✡, ✹□☻✪ zu ✹∩Δ✧☺✡, eine ✹⌂✡♣☺∞❀‡Δ✧☺ zu bauen und ⊙✞□Δ✧∞❀□✞ zu ∞∩Δ✧☺✡. Vom ☼❀‡✹⊙✞‡Δ✧ bis zum Abendessen lassen wir uns selbst zubereitete Speisen ⊙Δ✹☆☺Δ✧☺✡ und ✳◷✞✪☺✡ gemeinsam das Geschirr. ☒↑✞✪☺ und Lieder am ✧✡∩Δ✧☺✡♥☺✡ Lagerfeuer und eine ⊙Δ✹✡↑✞✪☺☻♦∩♣♥ dürfen natürlich auch nicht fehlen. Als Beitrag zum ◷☆☒☺☻✞⊙Δ✹◷✞✪ werden wir wie ☻☺✞✪✞☺⊙ Jahr eine große Müllsammelaktion im Wald machen.

Bis bald, eure Pfadis! (89 Wörter)

Pfadfinder verwenden einheitliche Wegzeichen, die mit Ästen und Steinen gelegt werden. Viele Gruppen haben auch eigene Geheimschriften entwickelt.
Kannst du den Brief entschlüsseln?

A = ∩	B = ∞	C = Δ	D = ♥	E = ☺	F = ☼
G = ♣	H = ✹	I = ↑	J = ♦	K = ✧	L = ☻
M = ☆	N = ✡	O = □	P = ✳	Q =	R = ❀
S = ⊙	T = ✞	U = ◷	V = ○	W = ☒	X = ⌘
Y = ⅄	Z = ✪	Ä = ⌂	Ö = ▪	Ü = ‡	

1. Schreibe den Brief ab und setze die richtigen Wörter mit Hilfe der Lösungstabelle ein.
2. Unterstreiche alle Wörter mit ck und tz und markiere.
3. Suche in jedem Satz ein weiteres schwieriges Wort und schreibe es in Geheimschrift auf. Lass die Wörter von deinem Partner entschlüsseln und aufschreiben.

Name: Datum:

Packt eure Schlafsäcke!

Wie jedes Jahr haben wir für euch einen tollen ✪☺☻✞✳☻∩✞✪ entdeckt. Wir werden zusammen das Lager aufbauen und viele ✡‡✞✪☻↑∆✹☺ Sachen herstellen. Ihr lernt eure ⊙∆✹✡↑✞✪✰☺⊙⊙☺❀ selbst zu ☒☺✞✪☺✡, ✹☐☻✪ zu hacken, eine ✹⌂✡♣☺∞❀‡∆✧☺ zu bauen und ☻☺∆✧☺❀☺⊙ ⊙✞☐∆✧∞❀☐✞ zu ∞∩∆✧☺✡. Vom ☼❀‡✹⊙✞‡∆✧ bis zum Abendessen lassen wir uns selbst zubereitete Speisen ⊙∆✹✰☺∆✧☺✡ und ✳🕘✞✪☺✡ gemeinsam das Geschirr. ☒↑✞✪☺, Lieder und ⊙∆✹❀☺∆✧ ☻↑∆✹☺ Schauergeschichten am ✧✡∩∆✧☺✡♥☺✡ Lagerfeuer sowie eine ⊙∆✹✡↑✞✪☺☻♦∩♣♥ dürfen natürlich auch nicht fehlen. Auch ein kleiner Erste-Hilfe-Kurs zur Versorgung kleiner ●☺❀☻☺✞✪🕘✡♣☺✡ ist geplant. Als Beitrag zum 🕘✰☒☺☻✞⊙∆✹🕘✞✪ werden wir wie letztes Jahr eine große Müllsammelaktion im Wald machen und einen Artikel in der Zeitung ∩∞♥❀🕘∆✧☺✡ lassen.

Bis bald, eure Pfadis! (111 Wörter)

Pfadfinder verwenden einheitliche Wegzeichen, die mit Ästen und Steinen gelegt werden. Viele Gruppen haben auch eigene Geheimschriften entwickelt.
Kannst du den Brief entschlüsseln?

A = ∩	B = ∞	C = ∆	D = ♥	E = ☺	F = ☼
G = ♣	H = ✹	I = ↑	J = ♦	K = ✧	L = ☻
M = ✰	N = ✡	O = ☐	P = ✳	Q = 🍎	R = ❀
S = ⊙	T = ✞	U = 🕘	V = ●	W = ☒	X = ⌘
Y = ⅄	Z = ✪	Ä = ⌂	Ö = ◘	Ü = ‡	

1. Schreibe den Brief ab und setze die richtigen Wörter mit Hilfe der Lösungstabelle ein.

2. Unterstreiche alle Wörter mit ck und tz und markiere.

3. Suche in jedem Satz ein weiteres schwieriges Wort und schreibe es in Geheimschrift auf. Lass die Wörter von deinem Partner entschlüsseln und aufschreiben.